井田辨：諸說辯駁

賴建誠　著

臺灣學生書局印行

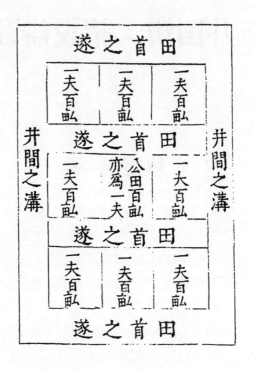

　　胡適在《井田制度有無之研究》（頁30）說：「『日讀誤書』是一可憐。『日讀偽書』是更可憐。『日日研究偽的假設』是最可憐。」

　　「日日研究偽的假設，而終於四方八面都想不通，那真格外可憐了。」（《井田制度有無之研究》頁112季融五語）

序

　　從 1985 年起，我在清華經濟系的主要教學領域，是經濟史與經濟思想史。在中國經濟思想史這個課題內，我寫過兩本論嚴復、梁啟超經濟思想的書，都屬於近現代的範疇。在 1990 年代初期，我覺得與其東想一個題材西做一個題目，不易抓住經濟思想的核心要點。我認為應該找出幾個從先秦至明清時期，都持續有人在討論與爭辯的貫穿性概念，才較能掌握經濟思想的長期特質。

　　在這個原則與方向上，我整理出五個具有時代貫穿性的概念：本末論（農本商末論）、奢儉辯、井田說、貧富論、義利說。這五項觀念都有豐富的史料文獻，但我的能力有限，只能挑其中一項來深入討論。為何選擇井田說呢？主要的原因是眾說紛紜，幾乎無共識可言。井田制在秦漢之後就確定不存在，夏商周至春秋戰國時期，有無實行過井田制也是個大疑問。對一項幾乎是傳說性的經濟制度，竟然史不絕書，歷代諸儒的見解南轅北轍，是前述五項概念中最讓人迷惑的。其餘四項概念的基本意義都很清楚，只是在歷朝各代都有獨特的事件與見解，需要有人整理解說。

　　井田說則完全不然，從先秦到明清之間，基本的共識並不明確。1919-20 年胡適等人的「井田有無」爭辯，引發了對立性的見解。更複雜的是，1950 年代後大陸的歷史學界信奉馬列主義，更把井田存在與否的爭辯，扯到了「公社」、「奴隸制」的面向上。雖然因而引起研究井田的熱潮，但也愈說愈玄，甚至到了夏蟲不可語冰的不可溝通狀態。

　　我的意見和胡適、齊思和較接近，認為井田制屬於傳說的成份較大，本書第 2 章詳述支持這個見解的諸種根據。簡單地說，井田說其實是源自孟子的井地說，後儒誤解了孟子的說法，尤其是後人偽造的《周禮》，更誤導了日後諸儒對井田制的見解，引發了無限的遐思與臆測。在主張井田制存在論者當中，我還是認為錢穆（1932）〈《周官》著作時代考〉的見解最可接受。

　　本書一方面要闡明我的信念，但也不想抹煞其他學者的諸多複雜見解，所以基本上可以說，我是在呈現與檢討諸多井田說的見解與證據。主要目的是提供一個「諸說目錄」、「內容通檢」、與「參考文獻」，給至今仍屬模糊狀態的學說，清理出一個編排過的「議題庫」，方便學界聚集議題的焦點，便利下一波的爭辯。但是我也猜測，恐怕還是「信者恆信、不信者恆不信」。就算是如此，如果有人能把混淆的局面清理一下，也不算壞事。我用了幾年的時間，一方面釐清一個貫穿性題材，二方面給學界提供一本可以檢索的資料，三方面把自己想弄清楚的問題搞懂，也不算白耗精力與時間。

　　回顧我蒐集的井田說文獻，以及在閱讀過程所做的筆記，顯示我從 1991 年秋季起就對這個題材起了興趣，但因有其他研究課題插入，就移轉了注意力。1994 年間得空，又蒐集一些文獻，擬了

一些子題，隨後又被其他題材插入。這個過程在 1997、1999、2002
年重複發生三次，一直到 2005 年 8 月才定下心來認真面對它。回
想起來，一方面對自己的拖延甚感汗顏，另一方面又覺得跟這個題
材似乎有緣，經過這麼長時間（1991 到 2005 年）還沒忘情。我從
擬初稿到請人評論，其間經過不少困惑與心境上的起伏，才走到目
前的形式。井田這個概念困擾了我相當長的時間，透過這項整理，
才比較明白我的困惑能解答到哪個層次。

我沒有什麼原創性的論點或翻新性的見解，我把此書的功能定
位在：綜覽眾多學說之後，以條理的方式對比各種論點，篩選出我
認為較可接受的見解，提供一個較全面性的面貌，如此而已。井田
之說兩千年來爭議不斷，當然也不會因本書而中止。我的角色只是
把混亂的桌面清理一下，好讓高手把問題帶到更高的層次，作出更
深刻的析論。

感謝國科會的兩年（2006-8）專題計畫資助。許松源對本書的
結構、陳彥良對全書的內容，提供相當有助益的意見。第 2 章與附
錄 1 合刊在《新史學》2002 年 13 卷 4 期：〈論孟子的井地說：兼
評梁啟超的先秦田制觀〉（與李怡嚴合著）。第 10 章刊在《歷史
月刊》2007 年 12 月 239 期：〈兩次失敗的井田制實驗〉。附錄 3
刊在《當代》2005 年 12 月第 220 期：〈西雙版納與西周：份地制
和井田制能比較嗎？〉（與李怡嚴合著）。

最後有三點自我批評與期許。(1)我對這個古今大爭辯的議
題，看了不少文獻，整理出這本半學術性的綜述。這不是一本嚴謹
的上古經濟史／思想史著作，我的知識撐不起這個沈重的大題材。
(2)這本小書只提出一個架構，掌握基本的方向，歸納不同的見解，

但欠缺第二層次的加工：提出有憑有據的新見解與新證據，來駁斥
或支持諸項爭辯。(3)希望日後能彙集更多人的智慧，編寫一本視
野更寬廣、證據更堅實的著作。

2012 年 2 月校稿

序……………………………………………………………I

1 綜觀概述

一、動機與立場……………………………………………1

二、文獻綜述………………………………………………4

三、各章旨要………………………………………………8

2 井地說與井田說

一、基本論點………………………………………………13

二、孟子的井地方案………………………………………15

三、從井字的根源看井田說………………………………25

四、綜述與結語……………………………………………35

3 肯定說與否定說

一、肯定說…………………………………………………42

二、否定說…………………………………………………49

4 何時說與何地說

一、何時說…………………………………………………59

二、何地說…………………………………………………69

5 運作問題與後世的濫用

一、運作問題…………………………………74

二、後世的濫用………………………………78

6 封建制度與軍事賦役

一、井田制與封建制度………………………82

二、井田制與軍事賦役………………………88

7 公社說與奴隸說

一、公社說……………………………………94

二、奴隸說……………………………………101

8 商鞅與壞井田

一、傳統的說法………………………………110

二、胡寄窗的反論……………………………113

三、侯家駒為商鞅辯誣………………………116

四、佐竹靖彥的農道體系統…………………118

9 復井田論與井田不可復論

一、復井田論…………………………………126

二、井田不可復論……………………………133

10 兩次失敗的實驗

一、漢代王莽的王田制………………………140

　　二、清雍正朝的旗人井田區……………………143

11 討論與結語

　　一、討論……………………………………………150

　　二、結語……………………………………………152

附錄 1：評梁啟超對貢、助、徹、初稅畝的見解

　　一、貢………………………………………………160

　　二、助………………………………………………162

　　　　（附論：助與藉）………………………………164

　　三、徹………………………………………………170

　　四、「初稅畝」與「用田賦」……………………174

附錄 2：朝鮮的箕田…………………………………179

附錄 3：西雙版納的份地制…………………………185

參考書目………………………………………………199

插圖

　　一、井字田與長方田………………………………19

　　二、各種地割的形式關係…………………………120

　　三、朝鮮的箕田……………………………………180

1
綜觀概述

一、動機與立場

我撰寫《梁啟超的經濟面向》（台北：聯經，2006年）時，在第 10 章談到梁的先秦田制觀。我的上古史知識不足，幸虧李怡嚴教授（清華大學物理系退休）以他廣博的學識，跳進來救了我一命。這篇文章寫好後，取名為〈論孟子的井地說：兼評梁啟超的先秦田制觀〉，2002 年 12 月刊在《新史學》13 卷 4 期（頁 119-64）。此文的主要洞見和卓識，都是他的貢獻，我只有輔助性的附和與協助。我把這篇文章拆成兩部分，收錄在本書內，用以顯示我們對井田說的基本見解與立場：(1)第 2 章〈井地說與井田說〉；(2)附錄 1〈評梁啟超對貢、助、徹、初稅畝的見解〉。

寫作此文的過程中，我參閱許多與井田說相關的文章與書籍，觀察到一個基本的現象：主張井田制存在的文獻，和反對井田說的著作一樣多得驚人；每年都有不少新文章出現，各持其理，互不讓

步，信者恆信，不信者恆不信。我對井田說的見解與否定的立場，已在第 2 章內充分表達。但在閱讀的過程中，從見解與我相近的文獻裡，看到許多優秀的見識，覺得應該介紹給更多人知道；從立場與我相反的文獻裡，也看到許多相當有力的論點，我覺得更應該轉述給學界知曉；還有不少議題與文獻是我不知曉或沒意識到重要性的，尚請方家提醒與指正。

「井田存在過與否」這個公案，在可預見的將來還會爭辯下去。既然我已接觸不少相關的文獻，為何不試著把這些紛雜的說法，整理出較有系統的對比觀點？《建設》是中華革命黨的機關雜誌，民國 7 年（1918）在上海創刊，帶有學術的性質。第 2 卷第 1 期刊登胡適的一封信，懷疑井田制度真的存在過。胡漢民、廖仲凱、朱執信不贊成他的見解，後來季融五和呂思勉也加入了辯論；季贊同胡適的見解，呂持批評反對的態度，這項辯論從 1919 年 11 月持續到 1920 年 5 月。1930 年上海華通書局把這些文章彙編成《井田制有無之研究》，1965 年 10 月台北的中國文獻出版社重新印行。[1]

井田制有無的爭辯，在將近一百年之後的今天還是相爭不下，沒有定論。大陸有不少受馬列學說影響的學者，肯定井田制的存在，但這個陣營中也有反對者；[2]台灣學者雖然沒有馬列主義的氣息，但支持與反對井田存在說者都有。過去多年來每次想動手探討

---

[1] 歷史學界對這場辯論的評議，參見嵇文甫(1934)〈井田制度有無問題短論〉、楊寬(1982)〈重評 1920 年關於井田制有無的辯論〉、陳峰(2003)〈1920 年井田制辯論：唯物史觀派與史料派的初次交鋒〉。周新芳(1997)〈井田制討論之世紀末點上的回顧與思考〉，對 1920-90 年代之間的井田制辯論，有很好的回顧與評述。

[2] 例如胡寄窗(1981)〈關於井田制的若干問題的探討〉、高光晶(1982)〈"井田"質疑〉。

這個主題，就會浮起一個念頭：胡適說「日日研究偽的假設，是最可憐。」我自己的立場是否定井田制，既然認為這是個「偽的假設」，為何還要花精力去探討它，豈不正「是最可憐」的人嗎？

某日讀到一篇文章介紹蕭公權的治學格言：「以學心讀，以平心取，以公心述。」這三句話影響我對井田說的態度：雖然我對這個公案已有反對的定見，但持肯定說者也非全然無理。面對汗牛充棟的相關文獻，我應該以學習的心情重新閱讀，以公平互重的態度來取材，以知識為社會共同財產的立場，來析述對比相異的見解。

我是經濟學界出身的經濟史與思想史研究者，對「井田制存在與否」的爭辯沒多大興趣。我比較想知道的是它如何運作？它具有哪些優越性？這就像工程師或機械師一樣，爭論某種蒸汽機是否存在過，並不是他的主要關懷，他想知道的是：這部機器是用什麼原理來運作？功力有多大？效果有多好？特點何在？為何後來被淘汰？

井田制到底是否存在過？它是如何運作的？我讀了幾本較晚近的專著之後，仍然是一頭霧水；找相關文獻來看，所看到的見解更是歧異。秦漢以來有不少人士倡議恢復井田制，他們對井田的見解與寄望，既吸引人又迷惑人：他們真的理解先秦時期的井田制嗎？秦漢以後的政治與社會結構，已改行天子郡縣制，在這種時空環境下井田制能恢復嗎？有可能運作嗎？井田真的是較具優勢的制度嗎？

我的見解是：井田制在先秦時期應該沒有出現過，若有也不可能長期、普遍地運作良好，這是我從不同角度逐項檢驗之後的結論。從秦漢至晚清民初的井田論，都是文人的提議，並沒有真正實行過。我認為從先秦到晚清民初關於井田制的論著，都是在談論一

種或許在某個地方短暫出現過，但難以長期實際普遍運作的田制，所以把這本書題名為《井田辨》。書名也反映了本書的性質：這是一本經濟思想史（概念史）的論述，而不是經濟史實的分析。有人說：Poetry makes nothing happen。我覺得井田制在中國歷史上，是一種 poetic 的傳說與誤解。

二、文獻綜述

從先秦到今日，論述井田的文字相當龐雜，各門各派的論點聚訟不休。暫且不論先秦時期是否真的實行過，單是論述井田的文字就很足以構成一部學說史。井田制是耳熟能詳的名詞，但它真正的意義到底是什麼？這是一個運作過的制度嗎？就算它在先秦時期（從夏商周到春秋戰國）存在過，但從秦漢有信史以來就沒出現過，為什麼到了今日還有人在談論？

有關井田的討論相當多，或在田制史的專書內討論，或在上古史的著作內評述，或在經濟思想史的脈絡內爭論。這些辯論一直沒斷過，文獻的數量也相當龐雜，零散在各處；再加上各派學者對井田的見解紛紜，一直沒出現可以接受的共識，也沒有一本專著把這些紛亂的說法整理成有系統的論點。從書末的參考書目，可以看出這個題材的多樣性與紛雜度。單篇的論文既多且雜，不易在此簡要綜述，以下只能針對以井田為主題的專書來評介，目前有 6 本，依出版年序解說。

一是陳瑞庚（1974）《井田問題重探》，這是他在台灣大學中國文學研究所的博士論文，沒正式出版，內分 7 章 145 頁。二是徐

喜辰（1982）《井田制度研究》（6 章 297 頁）。這兩項研究的時代都止於春秋戰國，著重於井田制度在先秦是否存在；兩位的立場與見解迥異，或許正好代表二次大戰後台灣和大陸的不同史觀與研究方法。陳著不限於特殊史觀，從古籍資料的內在邏輯，重新檢討各種井田存在說，他的結論很明確：「周代沒有孟子所說的井田制度」（頁 140），他是個否定論者。

相對地，徐喜辰深受馬克思、恩格思史觀的影響，隨處不忘引用他們的論點，甚至讓人有一種感覺：他是在以中國上古的史料，來驗證馬恩學說的普遍適用性。此外，全書內容多枝蔓，與井田直接相關的篇幅至多三分之一。整體而言，他並未明確界定出井田制的意義與形式，而是一直反覆地說：「中國古代社會中的公社及其所有制即井田制度」（見前言頁 3）、「井田制就是古代公社所有制」（頁 24 第二章標題）、「公社所有制即井田制度」（頁 154、216），完全沒有解說井田的字源意義，而是認定式地把公社所有制和井田制等同起來，這種論證方式相當令人疑惑。

第 3 本是金景芳（1982）《論井田制度》。這本 81 頁的小冊子，1981 年曾在《吉林大學社會科學學報》43 卷上連載 4 期，翌年結集出書。從論文的角度來看，這是一篇較長的文章；以專書的角度來看，這是一本太簡短的著作，而且各章的篇幅差異過大：第1 章「井田的名稱」（頁 3-5），第 2 章「井田制的基本內容」（頁6-56），第 3 章「井田制發生發展和滅亡的過程」（頁 57-75），第 4 章「井田制的所有制問題」（頁 76-81）。

就內容來說，作者在首頁第 1 段就表明他的立場與結論：「井田制實際上是馬克思恩格思所論述的農村公社（也稱為農學公社）

或馬爾克在中國的具體表現形式。…在中國，它是奴隸制時代的土地制度。」作者一開始就認定井田制是奴隸時代的農業公社，這就把可能的討論空間堵死了。況且他不質疑地把馬列論點，套用在中國上古的田制上，這種主觀的認定，很快就把井田說這個公案推入「信者恆信」的死胡同裏。就具體的見解來說，金景芳對郭沫若和范文瀾的井田觀都有意見；相反地，他既反對胡適的「井田不存在說」，但又很接受胡適的「豆腐乾塊」井田形狀說。金景芳的論點明確，但我不覺得有說服力或啟發性。

第 4 本是吳慧（1985）《井田制考索》（3 章 235 頁）。吳慧的書雖然是 1985 年出版，但他在 1979 年 5 月就寫好初稿，1982 年 1 月修改（頁 235）。這本書的立場較開闊，不作強烈的主張與認定，而是「作者擇取各家的研究成果，結合自己的認識，在有關井田制的一些疑點和難點上提出個人看法，供大家進一步研究時參考。」（前言）本書只有 3 大章，每章下分 3 或 4 大節，之下再細分小節。首章是「關於井田制形制區劃方面的問題」（頁 1-50）；次章是「關於井田制所反映的生產關係方面的問題」（頁 51-141）；第 3 章是「關於井田制的學說思想方面的問題」（頁 142-235）。

在內容的論點方面，吳慧雖然也使用「公社」、「奴隸制」的觀念，但較少用強硬性的語氣，對各個子題也有較多元的討論。在以馬列思想為主流的時代，他能以較綜合的觀點，對比諸多不同的論點，一方面能提供讀者較多的歷史材料，二方面也提供一個較開闊的舞台，讓各宗各派都有發言伸展的機會，也讓持有不同見解的讀者比較容易接受。

第 5 本是馬曜、繆鸞和（2001）《西雙版納份地制與西周井田制比較研究》（修訂版，5 章 428 頁）。此書在 1989 年出版後引發

許多好評，2001 年的精裝修訂本銷售良好。他們對井田制的主要觀點，請參閱本書第 11 章第 2 節。他們的書中有些值得評議的論點，請參閱附錄 3 的詳細討論。

第 6 本是曹毓英（2005）《井田制研究》（10 章 238 頁）。作者在「後記」的首句說：「這部書稿先是 1985 年寫成，基本觀點和思路都是那時所形成的。」他在後記內詳述此書幾經波折，20 年之後才能出版的傷感。作者的基本立場，是肯定井田制的存在。在這個前提下，他「對中國古籍的考核、結合考古發掘所見到的資料、與古人的認識和歷史實際做一番綜合研究，以及考察它（井田制）對歷史發展的影響與對現實的啟示。」（頁 7）他想探討的議題包括：「研究古代為什麼要有井田制？井田制到底與我國古代社會的發展有何關係？它為什麼又被徹底瓦解？後來又為何在多次歷史變革中一再被提出？⋯應該將井田制放在更深廣的範圍內來思考，除了要追索其縱橫關係，還要探討其與社會生活、經濟、政治等的多重關係，乃至它的再生性等等。」（頁 1）

以下各舉一例，說明我對書中論點的不同意與同意。在第 2 章〈井田制史實考〉中，他從古籍的記載來證明井田制的存在。他從《周易》開始找證據，然後是《尚書》、《毛詩》、《周禮》、《管子》。質疑井田存在論的人，或許患了「疑古過甚」的毛病，曹毓英在此章內所舉的證據，讓人有相反的感覺：不但盡信書，而且信古過甚。我較同意他的論點是第 8 章〈井田制下的勞動者〉。他的主要見解是：「井田制下的農民似不應作為奴隸階級來看待，當是地地道道的農民。」（頁 167）「夏商周時代雖有奴隸存在，但不屬於奴隸制社會階級，因為這些奴隸是宮廷奴隸。⋯可是，不宜把這些奴隸擴大為整個農業生產者都是奴隸，從而認為整個社會奴隸

制社會。」（頁 193）井田與奴隸制的問題，在本書第 5 章第 2 節會有詳細的討論。雖然我是否定井田制存在論者，對曹毓英書中的論點有許多不同意之處，但整體而言，覺得此書寫得認真，有不少持平之論，也較不受馬克思、恩格斯學說的牽制。

在期刊論文方面，每年都有新研究出現，有些以井田為主題，有些則與先秦田制或上古史的題材合論。有兩種資料庫可以查詢這些新研究：大陸有《中國期刊全文數據庫》，台灣有《中華民國期刊論文索引系統》，用「篇名」和「關鍵詞」都會有不錯的發現。

歷代對井田的見解非常豐富，這些論點可以從《古今圖書集成》內的〈食貨典〉查索：卷 41-63 的「田制部」（頁 215-322）。在這 108 頁（實際上有雙倍 216 頁）內，收錄從上古至明末主要文獻內與田制相關的記載，其中有許多談論井田的段落值得詳細參閱。

三、各章旨要

全書分 11 章與 3 個附錄。第 1 章與第 11 章是導論與結論，第 2 章是全書的主軸與核心論點，第 3 章至第 10 章處理三個層次的問題：(1)歷史証據與文獻記載，都無法證明井田制存在過（3-5 章）；(2)後人的歷史重建，主要是根據《周禮》與馬列主義，這些論點都找不到歷史證據（6-7 章）；(3)從上古至秦漢時期，都沒有實行井田的環境與條件（8-10 章）。

第 2 章〈井地說與井田說〉，最重要的論點是在辯明井田之說源於《孟子》，接著論證孟子當初的用意，是要替滕國規畫「井地」，而非倡議「井田」制。後儒誤解了這點，而導致不必要的「井田有

無」之糾葛。其實「井字田」和「井田制」是兩回事：把土地劃成「井」字型，目的是要「正經界」；井字型的耕地，和傳說中的井田制（一種政治、社會、經濟之間的複合關係），是不相干的。

第 3 章〈肯定說與否定說〉。本章分兩節綜述幾位代表性學者認為井田制確實存在的幾種見解，以及另一批學者的反對井田制存在說。持肯定說的人當中，以徐中舒的見解最有體系，也較有說服力。持否定說的學者，以胡適的見解最具引領性，他的文字淺顯動人，開啟了五四時期井田制有無的大爭辯。整體而言，由於井田說缺乏扎實的文獻和具體的考古證據，所以持肯定說者在處境上必然較辛苦，持否定說者較易盛氣逼人。

第 4 章〈何時說與何地說〉。第 1 節討論井田始於何時？終於何時？我挑選六位見解不同的學者，對比他們的看法，得到的印象是：沒有明確有力的可信之說。第 2 節嘗試回答一個更具爭議性的問題：井田曾經在哪些地區實施過？我得不出一個具體有力的解答。這兩個基本問題竟然沒有明確可信的答案，似乎在暗示著另一個較大的可能性：井田制或許不曾存在過。

第 5 章〈運作問題與後世的濫用〉。前面幾章討論的議題，都是宏觀性的、上層建築性的、大哉問式的，本章第 1 節轉入微觀的、具體的、實際生活式的議題。如果要提出具有說服性的井田說，那就必須先解決這類的具體問題，否則空辯井田有無，於事無補。第 2 節舉例說明，後世把井田這個概念投射在許多匪夷所思的用途上，讓人有嘆為觀止的感覺。

第 6 章〈封建制度與軍事賦役〉。第 1 節的主題，是探討封建制度與井田制之間的關係，這個主題在 1945 年之前有較多的討論，論點也較合乎常理，大體上都持著「封建制度與井田制大致上相始

終」的看法。第 2 節的主題，是井田制與軍事賦役體系之間的關係。從所挑選出來的相關見解看來，這些說法過於成熟嚴密，不像是夏商周激烈變動時期所能發展出來的組織與體系，反而讓人覺得這是後儒「愈說愈週密」的思維產品。

第 7 章〈公社說與奴隸說〉。這兩個題材是大陸受了馬列主義史學觀影響，才凸顯出來的議題；這兩個議題對沒有受到馬列史觀影響的台灣歷史學界，是比較陌生的概念。因此本章的內容以大陸學界的觀點為主，台灣學界對這兩個題議處於缺席狀態。第 2 節的奴隸說內，引用何炳棣在台灣發表的論文，大力反駁商周社會奴隸制說；胡寄窗以六點力駁井田制與奴隸說之間的關係，言之成理。

第 8 章〈商鞅與壞井田〉要辯論一項議題：商鞅要負破壞井田的責任嗎？在傳統（主流）的見解裡，商鞅「開阡陌，壞井田」，是破壞帶有優雅古意田制的罪人。本章分 4 節對比幾種相當不同的詮釋。這些南轅北轍的見解，若順著個別作者的思考邏輯，讀起來各自成理。但真相卻只能有一個，胡寄窗的見解（商鞅根本無井田可壞），最接近我的認知。

第 9 章〈復井田論與井田不可復論〉。復井田論者的基本用意是在均貧富。就算井田制真的存在過，但自商鞅變法之後已無井田制可言，然而後儒中持復井田論者並不在少數。本章第 1 節列舉幾項代表性的言論，第 2 節陳述幾位反對復井田論者的說法。

第 10 章分析兩次失敗的井田實驗。第 1 節說明漢代王莽新朝試行王田制的背景，它的主要理念為何？具體的做法為何？碰到哪些障礙？為何終歸失敗？第 2 節以類似的角度，說明清代雍正朝所實施的旗人井田區，它的構想與做法為何？有哪些無法克服的困難？

　　第 11 章〈討論與結語〉。本章對各式各樣的井田說，提出綜合性的討論與結論。回顧本書的寫作策略與主要內容之後，所得到的結論加強了否定井田論者的觀點：井田是儒者心目中的理想田制，是「說得做不得的」。

　　附錄 1 評論梁啟超對貢、助、徹、初稅畝這幾個概念的理解與誤解，並提出我們對這幾個概念的認知。附錄 2 與附錄 3 評論朝鮮的箕田制與西雙版納的份地制。主張井田論存在者無法從文獻上和考古證據上，提出堅實可靠的證據，就想找尋各文明田制中與井田類似者，來支持井田這類的概念是普世的。他們找到兩個與中國鄰近的例子，一是高麗（朝鮮）平壤城的箕田圖，說這就是受到中國井田制影響的遺跡。另一個例子是研究中國境內少數民族西雙版納傣族的份地制，說這種田制與西周的井田制是相通的。我認為這些都是強比硬附之論。

　　自秦漢有信史以來，可以確定井田制並未存在運作過，但直到晚清民初仍有人不斷地倡議回復此制；甚至到了今天，仍有不少人相信井田制存在過。本書從肯定說、否定說、恢復說等角度，來檢驗不同的井田說。井田之說是貫穿中國史的重要題材，歷代各家諸說紛紜。本書綜述、對比、檢驗各項井田學說，目的是想要清理過去紛雜的論點，提供學界更深入探索的一個論點匯聚站。

2
井地說與井田說

一、基本論點

　　本章最重要的論點，是在辯明井田之說源於《孟子》；接著論證孟子當初的用意，是要替滕國規畫「井地」，而非倡議「井田」制。後儒誤解了這點，而導致不必要的「井田有無」之糾葛。其實「井字田」和「井田制」是兩回事：把土地劃成「井」字型，目的是要「正經界」（類似農地重劃）；井字型的耕地，和傳說中的井田制（一種政治、社會、經濟之間的複合關係），是不相干的。

　　1919-20 年間，《建設》雜誌曾經對「井田制度有無」這個議題，刊登過一系列的辯論文章，主要的參與者有胡適、胡漢民、廖仲凱、朱執信、季融五、呂思勉等人。這些文章由上海華通書局匯印成書《井田制度有無之研究》（1930 年 147 頁）。柯岑（1933）《中國古代社會》的附錄中，重印這場辯論的內容。這本書在 1965年，又由台北的中國文獻出版社重印。此書對井田有無的各種看

法，以及與先秦田制相關的論題，已大致有具體的呈現。梁啟超在編寫講論《先秦政治思想史》（1922）時，不知是否已聽聞胡適等人的爭辯，然而從《先秦》內相關的論點看來，感覺不出梁對那項辯論有所反應。

民國以來，對先秦田制與井田說爭辯的文章很多，有些是單篇專論，有些是在土地制度史內附帶論述，有些像梁一樣在論先秦史時帶上一筆。我們認為其中最有力的辯解，是錢穆（1932）論述《周官》的著作年代時，在第 3 節「關於田制」的詳細深入解說。齊思和在〈孟子井田說辨〉（1948）中，將孟子論三代田制的一段文字，與回答畢戰的一段文字作出區分，認為後者是專替滕國設計的方案，這幫助我們澄清不少混淆的觀念。

從民國初年胡適與胡漢民等人辯論「井田有無」以來，這場大爭辯至今仍未止息，學術期刊上還不時出現各式各樣辯解井田的文章。以專書形式探討井田制的研究，在 1970-80 年代就有陳瑞庚（1974）《井田問題重探》、金景芳（1982）《論井田制度》、徐喜辰（1982）《井田制研究》、吳慧（1985）《井田制考索》。這些專著以及無計其數的單篇論文，各自從獨特的角度出發，論證井田問題的各個面向，可說是眾說紛紜，至今尚無能相互信服的定論。日本學界對井田制的研究，請參考佐竹靖彥（1999）〈日本學界井田制研究狀況〉，和佐竹靖彥（1999）〈從農道體系看井田制〉。佐竹的基本見解是：「筆者明確地認為井田制確實存在。」

在這些龐雜的文獻中，以「孟子井地」為主題的論文並不多見，在此僅舉兩例。木村正雄（1967）〈孟子の井地說：その歷史的意義〉是較早的一篇，他認為「井地說」是孟子獨創新倡的（頁 167）。

方清河（1978）的碩士論文〈孟子的井地說〉，基本論點和本文的看法相近：孟子的原意是井地「方案」而非井田制，井田制是後儒誤會、附會、強加注釋，而仍無法求自圓其說的「人工產品」。可惜這篇論文沒有整理發表在期刊上。雖然本文和方先生的基本路線契合，但在論證方式與佐證資料上仍有相當差異，各自有側重的面向。若舉一例以說明差別，則本章第 3 節「從井字的根源看井田說」，是歷年來否證井田說較獨特的方式。

　　本章從一個較特定的觀點，來探討這個問題：井田說源自《孟子》，而孟子當初替滕國所規畫的是「井地方案」（即「井字田」），目的是在「正經界」，這與後儒所談論的、理想化的井田制無涉。把「井地」和「井田」混為一談，是日後爭訟井田有無的肇端。整體而言，井田有無的辯論，是自樹稻草人的虛擬型「空戰」，正如胡適在《井田制度有無之研究》（頁 30）所說的：「"日讀誤書"是一可憐。"日讀偽書"是更可憐。"日日研究偽的假設"是最可憐。」1950 年代之後，有許多學者從馬列史觀的角度，探討先秦田制與井田說。從較寬廣的角度來看，本章的論點也可以視為我們對這兩個主題，以及對各種不同詮釋的回應。

二、孟子的井地方案

　　許多學者將純憑理想的井田制，與孟子為滕國所做的土地規畫混淆了。我們對此事另有看法，要點是認為孟子所提議的是「井地方案」，而不是「井田制」。《孟子·滕文公上》滕文公問為國，

孟子曰：「民事不可緩也。詩云："晝爾于茅，宵爾索綯，亟其乘屋，其始播百穀。"民之為道也，有恆產者有恆心，無恆產者無恆心；…夏后氏五十而貢，殷人七十而助，周人百畝而徹；其實皆什一也。徹者，徹也；助者，藉也。龍子曰："治地莫善於助，莫不善於貢。貢者，校數歲之中以為常。樂歲粒米狼戾，多取之而不為虐，則寡取之；凶年糞其田而不足，則必取盈焉。"…詩云："雨我公田，遂及我私。"惟助為有公田。由此觀之，雖周亦助也。…」這段對話引發了孟子的井地說。我們先釐清井地的意義，之後論證井地與井田之間毫無關係。

1.井地的意義

（滕文公）使畢戰問井地。孟子曰：「子之君，將行仁政，選擇而使子，子必勉之。夫仁政必自經界始。經界不正，井地不均，穀祿不平；是故暴君汙吏，必慢其經界。經界既正，分田制祿，可坐而定也。夫滕，壤地褊小；將為君子焉，將為野人焉；無君子莫治野人，無野人莫養君子。請野九一而助，國中什一使自賦。卿以下，必有圭田，圭田五十畝。餘夫二十五畝。死徙無出鄉，鄉田同井，出入相友，守望相助，疾病相扶持；則百姓親睦。方里而井，井九百畝；其中為公田，八家皆私百畝，同養公田。公事畢，然後敢治私事；所以別野人也。此其大略也。若夫潤澤之，則在君與子矣。」

從這段話看來，似乎滕文公已經知道有「井地」這回事，祇是不知如何實行，所以要畢戰去請教。孟子的回答要點是：「…夫仁政必自經界始。經界不正，井地不均，穀祿不平；…經界既正，分

田制祿，可坐而定也。…」可見孟子的重點是在「正經界」。如果孟子不是答非所問，那麼「井地」的重點，應該就是「正經界」；這和後世所強調的「井田」應該沒有直接關係。

事實上，孟子從來沒提過「井田」這個名詞。「地」與「田」固然關係密切，可是他一再講「公田」、「糞其田」、「分田制祿」、「圭田」、「鄉田同井」，卻以「經界不正，井地不均」來回答畢戰，可見「井地」不可能是「井田」的同義語。①「井地」究竟應作何解？滕文公所關心的到底是甚麼？當時滕國所急需的是甚麼？這幾個問題應該先弄清楚。

孟子很高興滕文公瞭解「正經界」的重要性，②這樣就有希望實施他所提倡的「仁政」。可是滕國很小，總面積不到 2,500 平方里。根據考古資料，1 周尺約等於 19.91 公分，③而 1 周里為 1,800 周尺，算得 1 周里約等於 0.358 公里。假設滕國的總面積約 2,500 方里，只比新竹市的面積稍大。滕國位於泗水近旁，地勢平衍（但也因而易遭洪泛），有較大塊平坦的野地（估計不到 1 千平方里）可用。因此孟子設計一個「井地」範型，將每 1 平方里的耕地，用

---

① 陳瑞庚（1974《井田問題重探》）第 2 章第 1 節（十）提出：「…如果當時沒有以井劃地的制度，滕文公怎會想到提出這個問題呢？」這句話已經很接近問題的焦點，可惜他沒有進一步分辨「井地」與「井田」。

② 關於何以當時「正經界」的問題會突顯出來，請參閱第 3 節「從井字的根源看井田說」。這裡要強調的是：「經界亂」不是局部性的症候，戰國初年已到處發作。然而在不同的地區或國家，會因人口分布或其它經濟環境的不同，而表現出不同症狀。各處應付（不能說是解決）「經界亂」的辦法，往往因地制宜，沒有一致的丹方。滕國因為地方小，田地的肥瘠差異不大，分配上的爭議較少，情形比較單純。請參閱第 4 節「綜述」部分的「問題 (5)」。

③ 吳洛（1975）《中國度量衡史》，台灣商務印書館，頁 64。

「井」字形的阡陌分割成 9 塊，每塊面積約 1 百畝。以當時的耕作水準（用鐵犁，也許還用牛），大約可供 7、8 口之家食用（《孟子・萬章下》：「百畝之糞，上農夫食九人，上次食八人，中食七人，中次食六人，下食五人。」）

孟子給這種 1 平方里的田地，取了一個單位名稱：「一井」。[④]這種範型的設計符合孟子的兩項基本要求：(1)容易計算面積，井地均而穀祿平。(2)經界不怕損壞，經界的標誌就算因泗水泛濫流失，或被暴君汙吏毀損，因為形狀「超整齊」，日後也容易重建。如果孟子的構想僅停留在「正經界」的層次，這樣的設計確是恰當。

然而孟子還想把屬於賦稅制度的「助」法附益上去，企圖將兩項改革一次解決。所以他把公田放在 1 井的中間（稅率等於九分之一），但這就違反了他先前所主張的什一稅率（十分之一）理想。如果孟子將標準 1 里見方的「一井」地，分割為 10 塊長方形小單位如圖(b)，而非「井」字型的 9 塊如圖(a)，也許就可以避掉這個缺陷。可是 1 方里剛好等於 9 百畝，劃成如圖(a)的方塊，則每塊剛好為 1 百畝，正好符合孟子心目中的「周制」標準。

圖(a)和圖(b)的面積相等（等邊等高），差別在於切成 9 塊或 10 塊。若孟子用圖(b)的劃分法，圖型稍複雜還不是主要的困擾，問題是每塊的面積就必須縮為 90 畝（而非每塊百畝）。孟子當然不願意使每家的田地，少於他心目中「周制」的百畝標準。[⑤]現在

---

④ 如果《國語・魯語下》的「田一井出稷禾…」的「一井」有所傳承，則孟子這個名詞就不是自創的，但這不是本章的重點。

⑤ 若要用圖(b)的劃分法，而且又要讓每家的耕地面積維持百畝，則必須將一井的標準單位擴大為大長方形，讓其中的一邊長為 1 又 1/9 里。可是那多出來的 1/9

我們設身處地替孟子著想，他的確不容易各方面都兼顧到。孟子大概不願意求簡反繁，所以決定對「野人」的稅率稍苛一點（「請野九一而助，國中什一使自賦」），這已經比往日的稅率低很多了。

圖(a) 井字田（每塊百畝，九一稅）　　圖(b) 長方田（每塊 90 畝，什一稅）

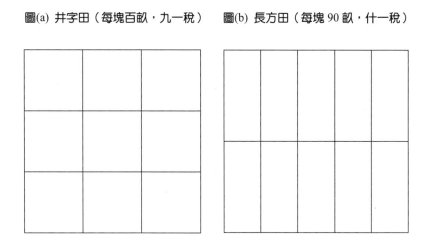

圖 1 井字田與長方田

此外，他又主張對卿大夫在世祿采邑之外，另給奉祭祀的圭田 50 畝，給餘夫（可能是未成家的男子）田 25 畝。這些零碎的田地，究竟位於滕國的何處或出自何方呢？《孟子》中沒有交待，他把這些枝節問題留給滕國君臣潤澤了（「此其大略也。若夫潤澤之，則

里，就不容易測量準確了。若要將擴大後的一井還維持正方形，則每邊的長度必需為 1.054 里，這在「正經界」時會產生難以預期的困擾。

在君與子矣。」）以常識來揣測，野地的可耕部分不會太整齊，既然大的方塊已畫作井字田，剩下邊緣不規則的部分，就可以切成小塊分給餘夫。這大概相當於《左傳・襄公二十五年》所說的「町原防」⑥。圭田則可能位於城外郭內的「郊」，以便照顧。這兩種土地的面積都比較小，價值較低，對公平性的要求也不太嚴格，所以孟子就把稅收的方式留給滕君自定了。孟子的這項策畫，滕文公似乎是接受而且實行了，否則孟子不會在滕國繼續留一段時間，⑦還能看到滕國「徠遠民」的效果，甚至還有時間與陳相辯論許行的「共耕」主張。

後儒對《孟子》的這一章頗有誤解。朱熹認為「周時一夫受田百畝，鄉遂用貢法，十夫有溝；都鄙用助法，八家同井，耕則通力而作，收則計畝而分，故謂之徹。」顯然他是受了《周官》的影響，把孟子的話套在《周官》的「鄉遂」與「都鄙」龐大系統上。甚至連崔述也沒能跳出這個圈套，他對朱熹的修正，祇是鄉遂仍用徹法，而都鄙因已實行「助」法，劃分公田與私田，故沒有「通力而作，計畝而分」的需求。⑧

---

⑥ 按《杜注》，「原防」是隄防間的零碎地，「町」是動詞，意為分割成小頃町。

⑦ 根據錢穆《先秦諸子繫年》（1956 年香港大學出版社增訂版，頁 345-52）的考證，孟子在滕的時間大概是 323 BC - 320 BC，計 3 年，然後遊梁遊齊。孟子在滕的事蹟不少，除了〈滕文公上〉所載之外，尚有〈梁惠王下〉，以周大王故事回答文公所問應付大國之道，頗顯得捉襟見肘。〈盡心下〉載：「孟子之滕，館於上宮。」然則孟子初到滕國，並無久居之意，因受文公知遇而延長逗留時間。然而滕的國力畢竟太弱，孟子亦無法在此施展其「王道」理想。或許這就是他日後在國力雄厚的齊國不受齊宣王重用，而深感惋惜的理由。參見方清河（1978）〈孟子的井地說〉頁 21-2 對孟子在各國遊歷的過程與年代的解說。

⑧ 見崔述《崔東壁遺書》第 5 冊〈三代經界通考〉，台北：世界書局，1963。

　　從現代的眼光看來，孟子衹是替滕這個小國，設計一套經界範型與稅收制度。滕國卿大夫（包括然友與畢戰）的世祿采邑，也有部分土地分布在城郭外的野地上，這是朱熹與崔述所講的「都鄙」。然而，滕國的總面積不到 2,500 方里，其中的「野」就算佔三分之二，也禁不起每人數百方里采邑的瓜分。如果這些都鄙的封疆再佔去一些地，那就更不夠了。

　　文王的庶子叔繡初封於滕，為侯爵，封地方百里。《春秋經》載隱公 11 年滕侯朝魯，此時還是侯爵；在兩年之後的桓公 2 年，《春秋經》載「滕子來朝」。從此《春秋經》就一直用「滕子」來稱呼滕君。《杜注》對這項差異的解釋，是「蓋時王所黜」，這項說法有可能成立。當時周桓王正力圖振作，以擺脫鄭莊公的控制，可能藉口滕君不朝而貶其爵以立威，但我們還不知道是否因而削地。滕與宋相鄰，一直受到宋的侵蝕；僖公 19 年宋襄公為立霸業，會諸侯而執滕宣公，大概也侵佔不少滕的土地。日後滕君雖竭力巴結盟主晉國，會盟幾乎無役不從，但這麼做也只徒然耗損國力，本身並未得到多少實質的保護。

　　到了孟子的時代，滕國衹剩下始封國土的四分之一弱。[9]在損失國地的過程中，分布在野地上的卿大夫采邑，當然首當其衝。在孟子的時代，一方面卿大夫的數目不會太多；另一方面，他們在野地的采邑莊園，也不可能再浪費許多面積在封疆上。換言之，應該不會有一般結構的都鄙。在這種狀況下，野地還是可以規畫為井字

---

⑨ 據《史記索引・越世家》引《古本竹書紀年》，越王朱勾曾經滅滕，時間在春秋與戰國之間，細節無可考。唯越國在淮北的勢力大起大落，孟子時滕國必已復封，可是經過這次兵災，城郭封疆的殘破也可想而知。

型的方塊，然後把某些井字型內公田的收成，作為特定卿大夫的俸祿。

至於鄉遂，因為城郭的範圍小，所以近郭牆內外的土地面積就不大，不可能再分出多少鄉多少遂。《周官》基本上是以戰國後期大國的心態，去建立複雜而多層次的地方制度。甚至僖公時的魯國，也比孟子時代的滕國大過 20 倍，因此《尚書・費誓》才會有「魯人三郊三遂，峙乃楨榦。…」的要求。後儒往往不考慮個別的背景差異，把這些文獻混而用之，遇到互相牴觸的地方，就牽強飾說，越講越繁複，反而離真相越遠。

其實孟子的重點，還是在於「鄉田同井，出入相友，守望相助，疾病相扶持。」他希望當地盡量能自給自足，死徙無出鄉。因為當時的城市經濟已經萌芽，吸收不少農民往外移出，以往閉鎖性的氏族社會，已逐漸失去規約農民的功能。在春秋初年，《詩經》內已不乏抱怨生活痛苦而企圖遷移的心聲，但有可能還是個別的事例。

到了戰國初期，農村人力大量失血，迫使各地諸侯用「徠遠民」的策略來挽救缺糧危機。從梁惠王問孟子：「察鄰國之政，無如寡人之用心者。鄰國之民不加少，寡人之民不加多，何也？」就可以覺察到這種趨勢。孟子經常強調的「仁政」，也是以此為目標而發揮的，確實也能針對當時的弊病創議；他所說的「法先王」，只是作為包裝的外衣而已。

後儒往往認為「井田制」的主體是「計夫授田」，這和《孟子》在此章所說的話並不吻合。因為孟子僅說：「八家皆私百畝，同養公田。」這是以「家」為單位，而以餘夫之田作為補充；並未如後儒所說，規定多少歲始受田、到幾歲要還田。當然，畢戰當時應該

也會「潤澤」一些細節;其中有多少流傳到後世,被吸收入後儒的「井田制」,正不易言。但我們確定,這一點不在孟子的原方案之內。

在周代的封建架構下,「授土」原是對諸侯受封的特定用語,如〈大盂鼎銘辭〉謂:「受民受疆土。」《左傳·定公四年》也記載王室對康叔:「聃季授土,陶叔授民,命以康誥,而封於殷虛。」不過後來對授受的用字,已不再那樣講究,因此在《孟子》也可以看到許行所說的:「願受一廛而為氓。」這裡的「受」字,顯然已經是普通的用語。「授田」一詞,並不是孟子「井地」理想中的專門術語,這和「井田」說中的幾歲始受田,在觀念上差別很大。

2.孟子的管理思想

《孟子》中有些屢次強調的主張,可以視為孟子的基本思想。孟子似乎認為,良好的管理可以開源節流,所謂「勞心者治人」,取其擔負管理重責之意。例如〈公孫丑上〉:「尊賢使能,俊傑在位,則天下之士,皆悅而願立於其朝矣。市廛而不征,法而不廛,則天下之商,皆悅而願藏於其市矣。關譏而不征,則天下之旅,皆悅而願出於其路矣。耕者助而不稅,則天下之農,皆悅而願耕於其野矣。廛無夫里之布,則天下之民,皆悅而願為之氓矣。」

再如〈梁惠王上〉:「不違農時,穀不可勝食也。數罟不入洿池,魚鱉不可勝食也。斧斤以時入山林,材木不可勝用也。…五畝之宅,樹之以桑,五十者可以衣帛矣。雞豚狗彘之畜,無失其時,七十者可以食肉矣。百畝之田,勿奪其時,數口之家,可以無飢矣。謹庠序之教,申之以孝悌之義,頒白者不負戴於道路矣。」這些論點,在在反映孟子注重管理的基本態度。

　　其實這種見解也不是孟子創發的，在孟子之前，李悝為魏文侯作盡地力之政，以斂糴之法為調濟，取有餘以補不足（見《漢書·食貨志》卷 24）。稍後，衛鞅也為秦孝公作了大改革。這些改革都訴諸有效率的管理，也都取得一定的成就。這方面孟子只能算是後輩。他較創始性的部分，是用「法先王」來包裝他的管理方案。戰國初期，有幾個「明君」的確能以較完善的管理政策來改善民生，增加糧食生產使國力膨脹。當時手工業技術的急速發展，與商業的逐漸蓬勃，也讓管理者有用武之地。

　　這對後世有重大的影響，例如《周官》就是在周公制作的包裝下，所建立的一個龐大官僚管理系統。井田制在這種情況下被吸納進去，還改得面目全非，讓漢代的注釋家傷透腦筋。後世若要仿效井田制的種種做法，其實最多只能在短期收效，長期的效果恐怕不佳，因為再有效率的管理，效果也是有限度的：當被管理者逐漸適應規範而發展出對策之後，管理的效果就會遞減。

　　然而這種遞減的效應，卻沒有機會在滕國顯現，因為滕文公沒幾年就去世了。《孟子·公孫丑下》：「孟子為卿於齊，出弔於滕。」孟子在齊國也沒有多少年，以卿的身份出弔於滕，所弔者恐即文公之喪，故文公在位很可能祇有 6、7 年。其所推行的新政，在他身後恐將不保。即使沒有人亡政息，滕國不久即亡於宋。《戰國策》卷 32：「康王大喜，於是滅滕伐薛，取淮北之地。」估計其時間不會晚於 295 BC。再不久，齊湣王滅宋，滕城歸齊。再數年，燕將樂毅下齊 70 餘城，滕國當然在內；這些變動會把滕文公的政績（包括成效與後遺症在內）都消滅掉。到了戰國末期，僅剩孟子為滕國規畫的方案載於《孟子》書內；《周官》採之，其它託古改制者亦採之，因而滋生出多少不必要的糾葛。

三、從井字的根源看井田說

一般多認為是由於共用水井，或是因為阡陌的形狀像似井字，所以才名之為「井田」。孟子為滕國策畫時說：「方里而井，井九百畝，其中為公田；八家皆私百畝，同養公田。」恐怕就是從「井」字的形狀所得來的靈感。其實井字還有一些原始意義，卻被大多數人忽略了。

1.井字原義

在〔魏〕張揖的《廣雅·釋詁》中，有一條古訓：「閑…臬井括…楬略，法也。」（見《廣雅疏證》卷 1 上）。井有「法」之義，雖不見於《爾雅》，但在金文中卻可常見。例如〈大盂鼎銘文〉：「命女盂井乃嗣且（祖）南公。」這裡的井字有「效法」之意。井字也可作為名詞，當「法則」解，如〈毛公鼎銘文〉：「女毋弗帥用先王作明井。」這個用法很快就被引申作為「刑法」，而且在漢初隸定的古書中，都被改寫為「刑」字。如《詩·大雅·文王》有「儀刑文王，萬邦作孚」、《詩·大雅·思齊》有「刑于寡妻，至于兄弟，以御于家邦」，都顯示這個作為「效法」的原義，在春秋以前還很時興。

據全廣鎮（1989）《兩周金文通假字研究》（頁 203-8）：「井」字與「刑」、「邢」等字，其古音聲母雖遠（「刑」、「邢」為匣母，「井」為精母），而韻同在耕部，故可通假。在《說文》中，「刑」字下有：「刑，罰罪也。從刀井。《易》曰："丼者，法也。"」《段注》：「此引易說從井之意。」其所謂《易》，不見今日《周易》之經傳，疑為漢代所通行之《易緯》之一。此引文亦見晉司馬

彪之《續漢書·五行志》（現已成為《後漢書》之部分），與唐沙
門玄應之《一切經音義》卷 20，可能即錄自《說文》。漢應劭之《風
俗通義》則作「井，法也，節也。」（不見於今本，似逸，此為由
《太平御覽》輯佚之文）可見此義亦流傳得相當廣。

　　事實上，這還可以溯源到殷商甲骨文中的「井方」。考證的結
果指出，這就是「邢國」（朱芳圃 1972《甲骨文商史編》頁 126
考證，此「井方」乃殷之諸侯，殷亡為周所吞）。此外，還有些從
井字衍生出來的意義，在隸定之後沒有被改寫為「刑」字，最顯著
的例子，就是《周易·井卦卦辭》的「往來井井」。王弼的《注》
釋為「不渝變也」，這講得有些含糊，但也可見井字可以有多種引
申的意義。《荀子·儒效》也有「井井兮，其有理也」，楊倞的《注》
則解釋為「良易之貌」。這和下文的「嚴嚴兮，其能敬已也」相比，
「嚴嚴」形容「其能敬已」的形貌，則「井井」應含「有規則」的
意義。《周易》中的「井井」釋作「不渝變」，與此意義也不違背，
都是把井字當作動詞用，作為「效法」原義的引申。

　　在西周初期武裝殖民時代，統治者的主要作為是建造城郭封
洫，封疆之內的田地經界還不是大問題。那是因為地廣人稀，農業
技術尚未發達，每家的耕作範圍有限，暫時不發生耕地分配公平的
問題。後來人口漸密，耕種技術漸漸進步，各家的田地彼此接壤，
所以經界的畫分就逐漸重要了。然而中國古代的數學，對幾何圖形
的研究不夠發達，形狀不夠規則的田地面積，不易準確估計。[10]到
了春秋後期，在人口較密的地區，就有了田地經界規畫的壓力。

────────────

[10] 由現在看得到的資料判斷，中國古代的幾何進展不如同時期的西方。中國求面
　　積的方法，基本上是長與寬的相乘。對於不整齊圖形面積的估算，慣常的做法
　　是「截長補短」，這就涉及到人為的估計。如果分割為許多小方塊之後再相加，

　　《左傳・襄公 25 年》載：「甲午，蒍掩書土田、度山林、鳩藪澤、辨京陵、表淳鹵、數疆潦、規偃豬、町原防、…、井衍沃，量入收賦。」顯示已經開始對各類型的土地做整體規畫。其中的「井衍沃」，大概就是把田地的經界，規範成較整齊的格式，方便估算面積。這裡的井字，是「規則化」的意義。也因為這條「井衍沃」的記載，使我們明瞭當時「土地規畫」，已成了一種施政方針。

　　到了滕文公時代，田地規則化的需求更加迫切，所以孟子才對「井地」的問題，發揮了一大篇「正經界」的議論，也因而使得「井地」成為一個特有名詞。漢初隸定時，未把這個井字改寫為「刑」字，反使它的本義隱晦了。

2.丼與井

　　《說文解字注》第五篇下的「丼」字小篆，中間有一點，顯示《說文》認為「丼」為井字的初形。《說文》對丼的解釋為：「八家為一丼，象構韓形。…古者伯益初作井。」並認為中間那一點「象甕」。然而，在李孝定（1965）編纂的《甲骨文字集釋》內，甲骨文皆作「井」，中間沒有一點。在已知的卜辭中，此字皆用於「井方」、「帚井」等處，都沒有用來指涉水井。至於周代的金文，根據周法高（1982）編纂的《金文詁林》與《金文詁林補》，就區分為「丼」與「井」兩形。井字在很多地方，可以通假作「刑」或「型」，也用來作為地名或人名。「丼」和「井」兩字截然有別，但都找不到一種用法是指涉「水井」的。

計算者的判斷更會影響結果。這些技術上的不準確性，會給經手官吏上下其手的機會，這應該不是孟子願意看到的。

　　根據全廣鎮（1989）《兩周金文通假字研究》（頁 205）與吳其昌（1991）《金文世族譜》（卷 2 頁 5-6、卷 1 頁 18-9），中間有一點的「丼」，皆與姜姓之奠（鄭）丼氏有關，例如曶壺之「丼公」、曶鼎之「丼叔」。中間無一點的井字，與「邢」字相通，受封者是周公之後，為姬姓，例如麥鼎之「井侯」。雖然在甲骨文卜辭與鐘鼎銘文中，都找不到作為水井之用的井字，但是《說文》也確指，「丼」字是「井」字的初形。因此我們還不知道，究竟是在周代分化為二字，或是水井的「丼」在甲骨文裏，本來中間就有一點，祇是因沒有用在地名或人名上，所以才未在卜辭中留下記錄。如果是後者，那有可能「井」字的原義就是「效法」或「規範」，並由此引申出「阱」、「刑」、「型」等字。

　　丼字如果是從井字衍申而來，本來或許是寫作「洴」，從水從井。此字見於甲骨文，但不見於《說文》，在後來的《集韻》與《玉篇》中，此字解作「小水」，或假借作「阱」。可能是再由「洴」簡化作「丼」，中間那一點並非如《說文》所說的是「象甕」。這祇是個猜想，目前還沒有直接的證據來證實或否證。（另參閱王書輝(2006)〈談「丼」〉）

　　鐘鼎銘文中有記載田產糾葛細節的文字，居然沒有涉及水井，這有點奇怪。從甲骨卜辭可以看到，王室生活中的困惑都要卜問；鑿井是否能成功照理也應該卜問，可是並沒有看到這類的記載。更奇怪的是，整部《詩經》裏，一個「井」字也沒出現過。《詩經·小雅·白華》有「滮池北流，浸彼稻田」，這類談到雨水與旱災的文句很多。甲骨文也有大量求雨的卜辭，但都沒談到水井。

　　所以我們大概可以確定：在西周之前沒有用過井水灌溉。我們也可以猜測，那時大概不會在田中鑿井。百姓住宅之井，照理應該

在房屋附近，取用水才方便，不必遠行到田裡挑。因此大約是要到戰國時，鑿深井的技術較成熟後，井水在灌溉上才逐漸有輔助性的地位，而且是以灌園為主。後儒談論井田時，常設想八家共一水井灌溉，恐怕是從後世的生活習慣，往前作了錯誤的推論。

其實水井很早就存在了。根據宋鎮豪（1994）《夏商社會生活史》記載，在河北藁城發掘的商代遺址內，就有水井 6 口（頁 64）。但何以在《詩經》內沒有水井的地位呢？《詩經》中有許多地方寫到泉水，如《曹風·下泉》：「冽彼下泉，浸彼苞稂。」《邶風·泉水》：「毖彼泉水，亦流于淇。」《小雅·四月》：「相彼泉水，載清載濁。」公劉在遷移時：「逝彼百泉，瞻彼溥原。」「觀其流泉，其軍三單。」（《大雅·公劉》）文王對密人的警告：「無飲我泉，我泉我池。」（《大雅·皇矣》）詩人譏刺周幽王的秕政：「泉之竭矣，不云自中。」（《大雅·召旻》）

由此推論，當時貴族的飲用水多是泉水，百姓在有天然流泉可飲時，也不太願意鑿井。據許進雄（1995）《中國古代社會》，考古學者在西安的半坡挖掘到一個有 40、50 座房基的遺址，因處於泉源區，取水尚稱方便，但並未發現有井（頁 312）。水井的初始功能，大概是用來當作通地下泉源的工具。然而淺井較不易維持水質潔淨，《周易·井卦》初六爻辭「井泥不食」，就顯示經常需要渫井；九五爻辭「井冽寒泉食」，表示寒泉譽上品之井水，是最吉的爻象。

3. 井字的歷史意義

春秋中期以後人口密度增加，井水的飲用才逐漸普遍。鄭國子產的新政「廬井有伍」，顯然就是在因應這種新的需求。漢末劉熙《釋名·釋宮》第 17 說：「井，清也，泉之清潔者也。」那是在掌握深井技術之後才會有的看法。春秋時期的貴族大概都是飲用泉水，用民力開隧道取地下泉水，這種活水比靜態的井水容易控制水質。《左傳·隱公元年》載穎考叔勸鄭莊公：「若闕地及泉，隧而相見，其誰曰不然？」可見隧而及泉並不是很難的事。到了孟子的時代水井已經普遍，因此就有許多與井相關的故事，例如瞽瞍使舜浚井，企圖將他活埋等等。

現在我們瞭解，在西周以前水井並不普及。這也可以幫助我們進一步解釋，何以井田這個名詞，要到孟子的時代才被普遍接受。因為即使在過去有類似井田的做法，也不會用「井」這個字來形容，因為井的觀念是戰國時期才普及的。春秋之前，井這個字完全沒有「經界」，也沒有「井田」的意義。我們要極力澄清的是：「井字田」和「井田制」是兩回事。任何時代為了充分利用耕地，都可以把土地劃成「田」字型或「井」字型，這由甲骨文中各種「田」字的象形寫法，就可以明白（古時劃分線的實體是封洫）。但井字型的耕地，和傳說中的井田制（一種政治、社會和經濟之間的關係），是不相干的。

4.《左傳》中的井與泉

要看春秋時期，人民對井水依賴的程度，有加強的趨勢，最好由《左傳》著手。

(a)井

《左傳》裡頗有對水井的描述，顯示當時的水井已逐漸普遍。然而也可以看出，當時的水井還相當原始、相當淺。《左傳》提到水井的部分，按時序可歸納出 6 項：

(1)〈宣公二年傳〉：「狂狡輅鄭人，鄭人入於井，倒戟而出之，獲狂狡。」那個鄭人大概是車右，他在應戰時跌下車，又踩到井口而落井。顯然那個井並不深，而他也有盔甲保護，所以掉落後還有作戰能力。而宋國的狂狡卻太輕敵（或太仁慈），居然倒握戟柄，伸入井內想拉他出來。戟柄的長度不到一丈，可見井的深度大概也差不多。鄭人抓住戟柄出來後，可能趁機奪了戟，反而虜獲了狂狡。這次的戰地在宋，井應在宋國。

(2)〈宣公十二年傳〉：「申叔（展）視其井，則茅絰存焉，號而出之。」此事發生在楚滅蕭之役。楚大夫申叔（展），先前對蕭大夫還無社暗示：當楚軍入蕭時，要他藏入眢井以避難。所謂的眢井就是廢井，廢井可以躲人，可見不很深，或甚至是乾井。蕭是宋的附庸，井在宋楚之間，後來屬楚。

(3)〈成公十六年傳〉、〈襄公十九年傳〉、〈襄公二十六年傳〉等處都提到：軍隊作戰時若需要空地，可以「塞井夷灶」。所填塞的井，是軍隊為了獲得飲用水所挖的井（野戰井）。春秋中後期戰爭規模漸大，估計每一方包括後勤人員在內不下數萬人，飲用水就必須靠野戰井，兵過即棄。為了要有平坦的地面供戰車奔馳，以及有足夠的空間讓士兵列陣，棄井隨即用土塞平。能在短時間內塞井，可見挖得不深。

(4)〈襄公二十五年傳〉：「（前年冬）陳侯會楚子伐鄭（東門），當陳隧者，井堙木刊。」意思是：鄭國對陳國的舉動恨之切骨，並

以之為伐陳的口實。這顯示鄭國民間飲用井水已逐漸普遍，井若為陳兵所堙，當然會懷恨。同樣地，在短時間內即可填塞大量水井，可見那些井並不深。

(5)〈襄公三十年傳〉：「鄭子產為政，使廬井有伍。」可見當時鄭國的水井已多到需要管理。鄭國人口密，地處中原，河溪水量夏冬漲落大，需要井水補充。

(6)〈昭公二十五年傳〉：魯昭公孫于齊，「先至于野井」。此處的「野井」應是地名，但是否因水井而得名，尚不可考。

以上是《左傳》中關於井的記載，時間始於魯宣公 2 年，已進入春秋中期。到了春秋後期（襄昭之際），民間的井水使用，在人口較密的鄭國已漸普遍。再過幾十年，井在魯國也普及了，所以在《論語・雍也》裡，有宰我設喻向孔子問難之言：「仁者雖告之曰："井有仁焉。"其從之也？」

到了孟子的時代，離襄昭之際又過了兩百多年，水井就更普遍，因此《孟子・公孫丑上》，就用大家聽得懂的話說：「今人乍見孺子，將入於井。」來反襯「人皆有不忍人之心」。或許是井水用得多了，地下水的水位較前降低，所以《孟子・盡心上》才舉這樣的譬喻：「掘井九軔而不及泉，猶為棄井也。」8 尺為軔，9 軔為 72 尺。孟子雖以此為譬喻，但亦能反映當時人的常識。9 軔之深與春秋中期之井深不足 1 丈，變化甚大。

(b)泉

對春秋時期的貴族而言，泉水在生活中似乎相當重要，《左傳》裡提到「泉」的地方亦不少。

(1)〈隱公元年傳〉：鄭莊公闕地及泉，與母親姜氏相見。

(2)〈文公十六年傳〉:「有蛇自泉宮出,入於國,如先君之數。秋八月辛未,聲姜薨,毀泉臺。」據《公羊傳》解釋,「泉臺」即郎臺,在魯都曲阜的南郊。「泉臺」大概是因泉而築。考其地望,其泉應該就是逵泉。

(3)〈昭公十七年傳〉:楚國俘虜吳國之乘舟餘皇,嚴密看守。「環而塹之,及泉。盈其隧炭,陳以代命。」楚軍掘壕溝深可及泉,在隧道中滿置木炭以除濕,並在內列陣,顯示掘隧道通泉在當時並非難事。

(4) 此外,《左傳》中地名為某泉者,多因泉而得名,姑舉數例:

逵泉 — 見〈莊公三十二年傳〉,位於魯國曲阜南郊。據楊伯峻(1982)《春秋左傳注》(頁 254)引述《清一統志》,謂其泉水中有石,如伏黿怒鼉。

翟泉 — 見〈僖公二十九年傳〉,位於洛陽。《杜注》:「大倉西南池水也。」

華泉 — 見〈成公二年傳〉,齊師敗於晉,齊國之車右丑父假冒齊頃公,令頃公往華泉取飲而逃脫,可見該地以泉為名。華字則可能來自華不注山。

蚡泉 — 見〈昭公五年傳〉,為魯地。《公羊傳》作「濆泉」,而以「涌泉」釋之。顯然由泉水得名。

從這些引述,可見春秋時期泉水普遍,以泉為名之地相當多,尤以齊魯與成周附近為甚。泉水應為當時飲用水之上品。當時已知地上之涌泉來自地下,故亦稱地下水為「泉」或「黃泉」。故鄭莊公可以闕地及泉、楚軍掘壕溝其深可以及泉;而掘井祇是通達地下

泉源的管道，這可從孟子的話得證：「掘井九軔而不及泉，猶為棄井也。」

(c)餘論

《今文尚書》28 篇內，完全沒有「井」字，偽《古文尚書》也祇有〈畢命〉篇內，有一句「弗率訓典，殊厥井疆。」（宋）蔡沈《書經集傳》解釋為：「其不率訓典者，則殊異其井里疆界，使不得與善者雜處。」偽《古文尚書》出現於晉代，「井疆」的名稱，完全是後代人心中的制度，偽造者不自覺地漏了底。

從這裡也可以推測，在西周至春秋初期之間，統治者所頒的文告與典禮記錄，不會用到井字。此外，在殷商甲骨文與周金文中，「井」字未見作「水井」解的。還有，我們在《詩經》與《尚書》內，也都看不到井字。這幾件事共同指出一項事實：在西周之前，水井不像後世那麼重要。從上面的討論得知，要到春秋中期人口密度大增後，水井的重要性才漸顯露。另一方面也因而確知，泉水在西周以前是飲用水的主要來源，尤以貴族為甚。[11]

---

[11] 陳良佐（1970）〈井、井渠、桔槔、轆轤及其對我國古代農業之貢獻〉，對井在古代農業與生活的應用情況，有很好的解說。

四、綜述與結語

1.綜述

孟子與滕國君臣的問答，到底製造了甚麼謎團，讓兩千多年來的飽學之士都轉不出來？我們可以歸納出下列五個問題。雖然在正文裏已經嘗試回答，但為了能更清晰地綜述，我們把相關的答案歸納在各個問題之下。

(1)孟子回答滕文公問「為國」的第一段話裏，除了一些原則性的，如「民事不可緩也」、「恭儉禮下，取於民有制」、「設為庠序學校以教」以求「人倫明於上，小民親於下」之外，主要是一段關於三代稅賦制度的傳說。似乎孟子自己也不十分清楚這些制度的細節，還要引用龍子的話與《詩經·小雅·大田》的句子來補充。到底他對哪些話較有把握？哪些是僅憑猜想呢？

我們的回答是：孟子對三代稅賦制度的瞭解，也許比同時代的人稍多一些，可是離完整還遠。他較有把握的片段，似乎是「夏后氏五十而貢，殷人七十而助，周人百畝而徹，其實皆什一也」、「惟助為有公田」，以及他對「助」與「徹」的解釋；這些都是他特別提出來講的。另外，他引龍子的議論，作為他認同助法的根據，他對議論中的敘述：「治地莫善於助，莫不善於貢。貢者，校數歲之中以為常。」顯示他是贊成助法的，這是屬於「較有把握」的部分。他對其他事情的敘述，把握就少一些，尤其是他對〈大田〉詩中「公田」的理解是錯誤的。這使得他對原來所相信的「周人百畝而徹」，也產生了懷疑。他說「雖周亦助也」，祇是提出心中的疑問，並不是他的結論，因為這和他所認同的助法之優點並不牴觸。

(2)在同一段內，孟子並未提出「井地」的字眼；而在之後的第二段內，滕文公卻主動派畢戰向孟子問「井地」。是否滕國君臣已先知道井地這個觀念，而僅向孟子請教具體的辦法呢？孟子用「經界不正，井地不均」作為他的回答總綱，這是要傳達甚麼訊息呢？畢戰所問的井地，與第一段內的賦稅有甚麼關係呢？

我們的回答是：滕文公派畢戰向孟子問的井地，是土地規畫的方針。「井」字在此應作「型」字解。滕國的田地因受戰禍與兼併的破壞，經界不夠規則，導致面積無法準確計算，造成不公平的現象。孟子用「經界不正，井地不均」作為回答的總綱，正是針對此問題，提醒滕國君臣要及早整頓，不要讓「暴君汙吏」去「慢其經界」。當時人口的增加，已造成各家的農田接壤，破壞了以前的經界。同一時期，因人口外移所造成的農村失血，可以抵消部分人口的增加效應，這正是整頓經界的好時機。

井地與賦稅的關係是間接的，因為孟子認為「經界既正，分田制祿，可坐而定也」。在他心目中，賦稅問題的解決，顯然是以「正經界」為先決條件。

(3)孟子在第 2 段所描述的「請野九一而助，國中什一使自賦。」為何講得那麼籠統？畢戰聽到這段話後，真的就能自行補充細節嗎？他有沒有繼續發問？若有，何以沒有記錄？

我們的回答是：孟子所策畫的辦法（「請野九一而助，國中什一使自賦」），是針對滕國地勢平坦而小面積的特性所設計。滕國獨特的情況，當時大家都知道，無須多講。反而是後代的人，在事過境遷之後，沒有考慮到滕國的特殊背景，才會產生誤解。若能把當時的背景考慮進去，就可以發現孟子的話已經相當清晰明白。孟

子的方案已經把「野」、「國中」、「圭田」、「餘夫」都照顧到了，其餘細節已不會造成很大的不公平，可以放心讓滕國君臣自行決定。畢戰有把握在孟子方案的精神下補充細節，所以就沒必要多問。

(4)孟子說的「請野九一而助」，何以與他在第一段所認同的「什一」不一致呢？有沒有「託古改制」的成份呢？

我們的回答是：孟子說的「請野九一而助」，是因為「正經界」的井地方案，如本章的圖(a)所示，是切成 9 塊，只能「九一」，無法兼顧到「什一」的原則。由此可知，孟子所著重的是「正經界」。在此前提下，能夠實行「莫善於助」的賦稅制度，當然就更理想。

與戰國後期的諸子相比，孟子的井地方案理想中，託古改制的成份不多。他所引的「古」大多有所傳承，就算有錯，也是當時儒家共有的錯。儒家對「古」有相當一致的認識，孟子無須、也無法自己託古。他所敘述的三代稅制，在戰國初期流傳過，即使非常不完整，也可能代表當時對此問題的較好資訊。孟子顯然了解這些傳說的不完整性，只好加進自己的猜想。如果他真的在託古，為甚麼不託得更完整一些？

(5)在《孟子》書中，我們可以發現孟子對所堅持的原則，會向不同的對象一再地推銷。然而，田地與稅賦這麼重要的方案，何以在《孟子》中僅此一見呢？他心目中有沒有完整的草案呢？或僅是為了滕國的特殊問題，所做的臨時發揮？

我們的回答是：「請野九一而助，國中什一使自賦。」是孟子針對滕國特殊情況所做的個別建議，而非應該堅持的普遍性原則。方案背後的精神，是在「取於民有制」，這才是他所堅持的原則。

在規畫方案的同時，他並沒有忘記推銷「民事不可緩也」、「設為
庠序學校以教之」、「人倫明於上，小民親於下」、「出入相友，
守望相助，疾病相扶持」等配合措施，這些更是他所堅持的原則。
孟子是感於滕文公的知遇，才針對滕國的情況作此策畫，可見他心
中並沒有一個事先準備好的草案。這是個特例，在《孟子》中僅此
一見。梁、齊等大國的客觀條件較為複雜，孟子當然不會冒昧提出
同樣的方案。甚至在魯或在宋時，因為得不到君主的信託，他也沒
有提過任何方案。由此可見，所謂的井田制，其實是後人企圖將孟
子井地方案的外殼，在過度一般化之後，推廣運用到更廣泛的地
區，未必掌握到孟子當初的基本精神。

2.結語

現在不妨檢討一下，歷來對上述 5 個問題的處理方式。戰國時
代離孟子最近，他們對當時背景的掌握應該沒有問題。可是戰國後
期至漢初，託古改制風氣最盛行，學者們因而以為孟子也是在託古
改制，祇是說得不夠詳細而已。於是憑一己的理想，將《孟子》中
的記載擴大渲染，誤導後代讀者以為那真是先王的遺制，是孟子所
祖述的，此事尤以《周官》為甚。由西漢中後期到魏晉，那些說法
所產生的問題就逐漸浮現。儒者花了很大精力，來彌縫前人對井田
制說法，把那時已顯得若有若無的傳說，加上詩書中扯得上關係的
一言半句，作為「解經」的根據。

結果是越解釋越臃腫，害得唐宋以後的學者，也陷在此漩渦中
無法自拔。僅少數學者如宋朝的朱熹，看出孟子此處「制度節文不
可復考，而能因略以致詳，推舊而為新，不屑屑於既往之跡。」（見

他在《孟子章句》中為此章所寫的按語）朱熹作了較合理的推論，啟發清代乾嘉學者，逐漸扭轉這項積重難返的趨勢。

乾嘉學者的努力，已部分澄清歷來經學家最糾纏不清的問題，而歐美日本的史蹟與學說，也開始讓國人有更寬廣的眼界。梁啟超所涉及的外務太雜，對上述問題的解答並沒有太多貢獻。五四以後，胡適、顧頡剛、季融五等人，繼乾嘉遺風，對以往的經學抱懷疑與批判態度，對井田制的疑點當然不肯放過。上面綜述的 5 個問題，他們也大致意識到了；對這 5 個問題個別的解答，也偶爾有說對的。可是，一般而言，破壞有餘建設不足。例如胡適在《井田制有無之研究》（頁 50）說：「孟子的文章向來是容易懂得的，但是他只配辯論，不能上條陳。他這幾段論田制的話，實在難懂。」其實孟子並非在「上條陳」！他的話也講得夠清楚，畢戰顯然聽得懂，所以才沒再發問。祇是後人沒有考慮孟子與滕國君臣問答的背景（而這些在當時是不需講明的），才會覺得難懂。

另一方面，朱執信他們多少會感覺到，井田的傳說有助於推介國外某些政經理論（例如原始共產社會）進入中國，故傾向於辯護傳統的說法。然而經過這次辯論，疑古的風氣已開，對日後解答井田問題的進展有幫助。尤其是日後大部分對井田的辯論，都知道要回歸到《孟子》。

錢穆對人口問題與井田的關聯，已經講得很清楚，他對第 1 個與第 5 個問題的答案也與我們相近。齊思和對第 3 與第 5 個問題的突破，最有貢獻。陳瑞庚已經注意到第 2 個問題的「井地」名稱，他對第 1 個問題的處理也算正確；然而他對第 5 個問題的答案卻錯了，因而影響他對 3、4 個問題的處理。木村正雄比較接近第 3 個

問題的解決。方清河對第 1、第 3、第 5 個問題的解答都有心得；
可惜他對井地的意義解釋得不很成功，對孟子所堅持的基本原則，
也分析得不夠透徹，有點功虧一簣。我們在前人的成就上，提出自
己的看法，希望能有效地否證井田說這個重要的公案。

3
肯定說與否定說

　　本章分兩節綜述幾位代表性學者，認為井田制確實存在的幾種見解，以及另一批學者的反對井田制存在說。持肯定說的人當中，以徐中舒的見解最有體系，也較有說服力，主要是他擁有豐富的古史知識，解說清晰深入，雖然是 1955 年的舊文，還是經得起時間考驗。持否定說的學者，以胡適的見解最具引領性，他的文字淺顯動人，開啟了五四時期井田制有無的大爭辯。其他幾位持否定說者，如萬國鼎與胡寄窗，也都有強力的證據支持。整體而言，就和鬼神存在與否的爭辯一樣，由於井田說缺乏扎實的文獻和具體的考古證據，持肯定說者在處境上必然較辛苦，持否定說者較易盛氣逼人。

　　1992 年黑龍江人民出版社的《中國通史史論辭典》，對大陸學界研究井田制的文獻，有扼要的對比與摘述（〈關於井田制的討論〉，頁 107-8）。內分否定說（有 4 種觀點）、肯定說（有 7 種

觀點）、井田性質說（有 6 種意見），這 2 頁的內容可用來對比本章的摘述，襯托出更多元化的井田觀。

一、肯定說

1.錢穆

錢穆（1932）〈《周官》著作時代考〉（頁 405-7）對井田的存在持肯定說。「井田有無，歷來辯論甚多，此處不擬詳述。大概言之，井田該是有這麼一回事的。…一夫治田一方（百畝），一方（百畝）和一方（百畝）間，有著畔岸和溝洫。一縱一橫，如此般劃分著。此即所謂井田之大體規模也。…故井田之與封建，此兩制度實應同時並起也。至其所以名為井田者，或是數家同井，資為灌溉，為當時耕墾土地一個自然的區分。或是阡陌縱橫，形如井字般，略如後世所述井九百畝之制度。其詳不可知。總之所謂一井，只是一組耕戶和別一組耕戶之劃分。至於用數字來精密敘述，則多半出於後來學者間之理想和增飾。整齊呆板，並非真相。然不能因此遂疑古代並無井田。至於《周官》書中之井田制度，則多半出自戰國晚年一輩學者理想中所冥構。」

2.徐中舒

徐中舒發表過兩篇與井田相關的論文：〈井田制度探原〉（1944）、〈試論周代田制及其社會性質：並批判胡適井田辨觀點

和方法的錯誤〉（1955，文長 40 頁）。第一篇較屬於考據性，以下把重心放在較有爭辯性的第 2 篇，基本上他肯定井田制的存在。

他的基本立場和態度如下。「古中國的社會，依據馬克思的論證，是屬於亞細亞生產方式的東方類型，…這是解答中國古代社會的鑰匙。…這是人類歷史發展的規律性。也就是馬克思列寧主義唯物史觀的普遍真理。要解開中國歷史上最重要的謎，也就不能離開馬克思列寧主義的普遍真理。」（頁 51）

徐中舒在 1930 年發表的〈耒耜考〉，引起歷史學界相當的注意，這是古代（農業）史上不可不知的名著。他在 1944 年的論文〈井田制度探原〉，也展現出深厚的古史素養與獨具的史識。1955 年這篇文章，在立場與態度上竟然來個大逆轉，「不能離開馬克思列寧主義的普遍真理。」從這個角度出發所作的井田辨，還會像他在 1945 年代之前的文章那麼客觀、具有深刻的說服力嗎？拜讀之後，我覺得他根本不需要這套馬列的外衣，不但沒有幫助，反而讓人有「孔子穿西裝」的錯愕感。

他的切入點是胡適在井田辨內，「毫無理由的提出一個大膽的假設：預想古代並沒有均產的井田制度，如果真的有，也是孟子自己主張的，是想像出來的。」他認為「胡適企圖用主觀唯心論歪曲歷史事實，以達到他反對唯物史觀的目的。」（頁 51）

接下來他解說井田的起源。古中國的農業是從兩個中心發展起來的：一是仰韶文化區，是涇、渭、汾、泌、河、洛流域的黃土高原；二是圍繞著泰山的許多小河河谷丘陵高地，稱為龍山文化區，這裡的土壤和河流灌溉，對農業的發展提供優惠的條件。在泰山區高地部族的獵場，由各個「氏族公社」分割為許多方形圍（獵場，

或畜養禽獸的場所）。後來農業發展，方圃轉為農田，「這就是豆腐干塊井田的基礎。它的範圍，可能相當於"四井為邑，四邑為丘，四丘為甸"的甸。甸字在甲骨文金文中只寫作田。」（頁55）

「井田是從高地農業基礎上，在肥沃低地上逐漸發展起來的田制。如從三田制（菑、新、畬）再向前邁進一步，完成年年可以耕種的井田，那並不是一件難事。因此，"方里而井"的年年耕種的田，就在這個基礎上出現了。…戰國時代魏都大梁，它所領導的泗上十二諸侯，都是低地農業區，有拍紋黑陶，所以它的田制是屬於井田區，一夫只有份田百畝。…春秋時代齊、魯、鄭、楚都有井田…只有最衍沃的地方才有井制，稱為"井衍沃"，…這也是說明只有沖積平原才有井田制。井田制是中國晚新石器時代，從河谷高地發展到沖積平原上最後完成的田制。…但是，它在古中國並不是普遍通行的田制。井田也不是一成不變的。…"田溄悉徙"，就是徹底改變井田的界畫與土壤，…這也是井田恢復地力的另一辦法。…井田，只是適合古中國東方低地的田制，不是（全世界）普遍存在的。」（頁62）

「春秋時代齊、魯、鄭三國，對於井田的改變，大致是經過了兩個不同的步驟。一個是隸屬於公室的井田，一個是隸屬於采邑的井田。…還有一種是屬於小司徒所掌的井田。…《周禮‧小司徒》所掌的井田，是六鄉六遂的餘地，是王用以賞賜王子弟及卿大夫的采邑。…采邑井田的改變，在魯、鄭兩國都比較晚些。它的改制，對於采邑主是極端不利的。所以這裡井田的改制，是沒有直隸於公室的井田那樣順利的。魯國是經過三次改革，前後共一百十一年，才改革完成。…鄭國采邑井田的改制，著手要後於魯國三十年，而

完成反早於魯國六十年。它改變得很急劇，所以也就引起采邑主對於鄭國的執政者的極端的仇視。」（頁 73-6）

以上的長段摘述，只是擷取徐中舒（1955）精采長文前 5 節的片斷。他對古代田制作全面性的說明之後，在第 6 節（頁 80-5）轉向對「胡適井田辨的批判」。相對於前 5 節的冷靜，作者在第 6 節的文字有明顯火藥味。徐中舒先說明井田制施行時，文字的記載還不發達，「所以關於它的資料竟是非常貧乏。《孟子》、《周禮》、《王制》，以及漢人一些傳、注，…就是古今學者高談井田制的一點根據。而販賣資產階級唯心論的胡適，竟然否定了這些書的真實性。也只有唯心論者才能作出這樣大膽的假設—毫無保留地，否定客觀存在的蠻橫態度。」（頁 80）

「胡適說：“戰國以前從來沒有人提及古代的井田制”，他對於古代資料究竟知道多少？領會多少？就作出這樣輕率的結論！我現在告訴他，孟子以前是有許多有關井田的真憑實據。《周易》有井卦，就是井田存在可靠的記載。…這是古代必有豆腐干塊的井田制存在，然後才有“往來井井”和 “井井有理”的詞句，這裡的“井井”，必不能有其他的解釋。文字中刑法的“刑”，和典型的“型”[①]，在金文中都作“井”。…金文中“井”就是刑法、典型的本字，這也可以說明豆腐干塊的井田就是當時可以為法可以為典型的制度。耕字偏旁從井，…耕從耒、井，這也說明井田是古代低地或沃土普遍存在的制度。…殷周時代井田存在，這是絲毫沒有可以懷疑的。」（頁81-3）

---

① 參閱第 2 章第 3 節對井字根源的不同解說。

「春秋時代齊、魯、鄭、楚都有井田。《國語・齊語》云："井田疇均，則民不憾"，"井田疇均"就是說井田與井田相均等。這是齊有井田之證。」[②]（頁83）他又引《左傳》內的資料，說明魯、鄭、楚也都有井田制。徐中舒以廣博的古史學識，說「胡適不但否定井田，就連涉及井田的書也否定了。…這一大串問題，（胡適）完全是顛倒黑白，混淆是非。…胡適井田辨所以有這樣嚴重的錯誤，總結說，這都是由於他的資產階級唯心觀點在作祟。…胡適還有一個很大的錯誤，就是他濫用默證。他以為書本上所未曾記載的事，就是歷史上所沒有的事。…胡適井田辨發表之後，古史辨派就在這個基礎上發展起來，中國歷史就遭受很大的毒害，殷商以前的歷史，幾乎就成了空白了。」（頁84-5）

3.李學勤

李學勤（2003）《中國古代文明十講》頁68-9，說明他為何認為「井田制是中國古代的土地所有制形態。」他說井田制是一種農村公社，「與世界其他地區的農村公社實質相類似」，他不能贊同「有些著作力圖否認井田的存在」。

他說目前在考古學上還沒有獲得關於井田的詳細證據，但在西周金文中有與田相關的記載。這種涉及「田」或「夫」的銘文，到東周已不再出現，表示井田制已歸於衰微。井田制不只限於土地的劃分和分配規定，而且與族氏、軍制、賦稅都有密切關係。他認為近年在四川青川發現的木牘，記載秦武王2年命丞相甘茂等修訂的

---

② 參閱第4章第1節內，胡寄窗對這句話的不同見解。

《為田律》，「比較明顯地證明了井田曾經存在。」（但他沒說明
證據的內容）

　　較特殊的一點，是他說「井田制代表的社會基層組織，是以血
緣關係為基礎的。」李學勤點到為止，我很想知道井田與血緣關係
的進一步說明與證據。

4.趙岡與陳鍾毅

　　趙岡、陳鍾毅（1982）《中國土地制度史》認為，「古代實行
過井田式的土地公有制，大概是確有其事，先秦古代文獻中記載此
事者不止一處，…」（頁1）他們從字源文義來看「井」字在多種
文獻上的出現頻繁度，認為「一個制度名詞能引申出其他字義，則
表示此制度不是少數人的理想與虛擬的空中閣樓。」（頁2）所以
「我們嘗試著推想古代的井田制，在主要的平原地區是如何演化
的。」（頁4）

　　他們認為助法大概是可信的，也就是井田制已經定型之後的制
度。助者籍也，即八家共耕公田的制度。「雖然在全國地區將農地
統一規劃成井字形的方塊，不容易辦到，但在華北平原上應該不是
太困難的事。」（頁5）這個井字型耕地的規劃原則，直到北宋的
王安石，還想把全國的土地規劃成正方形。「當時的井田不但是規
劃成方塊形狀，而且要按特定的方向排列。今天就有人難以理解這
種規劃的原則。」

　　按特定方向排列的結果是，當時只有東畝南畝，而不見西畝北
畝，目的是要與排水的溝渠制度相配合。因為就古代華北地區的氣
候和農作物生長的條件來說，「用水灌溉只是次要問題，排水才是

最迫切的事。澇比旱為害更甚。溝洫制度就是當時排水防澇的必要設施。…華北地區的水流方向是向東或向南。…所謂南畝及東畝，就是依照水流的方向而得名。」（頁6）

以助法為基礎的井田制，最大的毛病就是太死板；所造成的技術性困難之一，就是不易安排休耕制度。將農田劃為井字形，分給八家，但若其中有幾家因休耕而離開此組井田，此時公田的耕作人力問題將如何解決？如果公田本身輪到休耕之年，又該怎麼處理？可能的解決辦法，是以八家一井為單位，每年換一井耕作，去年耕種過的井今年便休耕。這麼做的話，每戶農家每年都要換田地，而且還要移居。（頁7）

解決之道，就是維持八家一組的井田，但只爰土（輪耕）而不易居，這就町（大井）、牧（中井）、井（小井）的制度。具體地說：「劣等地二千七百畝劃為一單元，分為三井，每井九百畝，三井相連，八家農戶每年換一井，進行休耕。次等地，一千八百畝劃為一單元，分為二井，授給八家，隔年休耕一年。上等地，無須休耕，八家一井，只有九百畝。在這種制度下，休耕之井是毗鄰之地。沒有遷居之必要。」（頁8-9）

那麼井田制為何會被終結呢？較難以解決的，是人口增長所帶來的耕地分配壓力。「每戶人口多少無法控制，而且時常變動，在井田制整齊規劃下，如何以土地去配合每戶人口數字之變動？如果一井八戶，多了二三個餘夫，該怎樣安排？…這兩種技術上的困難，最後終於迫使政府放棄這種死板的助法井田制，而改採較靈活的公田配授辦法。這是"徹"法，也就是沒有八家共耕公田的土地配授制度。」（頁13）

「至於助法是在何時改為徹法，則很難斷言。連去古不遠的孟子都不敢肯定。…大概說來，西周初年還是實行助法的井田制。」（頁 17）改為徹法後，就沒有八家共耕的公田，農民就長期在這塊私田上耕作。父死子繼，逐漸形成繼承制度與私有土地制。再說，徹法是依產量徵收田賦，就變成農業稅，土地的所有權問題就變得次要了。戰國時期的孟子，認為井田制早已廢除，連徹法也敗壞了。（頁 18）

二、否定說

1.胡適

井田制是聚訟數千年的老題材，進入民國後重新掀起井田制大爭辯的是胡適。1919-20 年間，他和胡漢民、廖仲凱等人在《建設》雜誌上的爭辯過程，已在本書第 1 章第 1 節內綜述過了。

先是胡漢民寫〈中國哲學史之唯物的研究〉，主張古代真有井田制度，胡適提出強烈的反對意見。他說：「古代的封建制度決不像《孟子》、《周官》、《王制》所說的那樣簡單。…王室不過是各國中一個最強的國家，故能做一個名義上、宗教上、政治上的領袖，無論如何，那幾千年中，決不能有"豆腐干塊"一般的封建制度。…豆腐干塊的井田制度也是不可能的。井田的均產制乃是戰國時代的烏托邦。戰國以前從沒人提及古代的井田制。孟子也只能說"諸侯惡其害己也，而去其籍"。這是"託古改制"的慣技。」「孟子自己主張的井田制，是想像出來的，沒有歷史的根據。」

「《周禮》是偽書，固不可信。《王制》是漢朝的博士造的，自然受了孟子以後的井田論的影響，現在我要說《穀梁》、《公羊》都是拿孟子以後的井田論來解春秋"初稅畝"三個字，故我們不能引《公羊》、《穀梁》來證《孟子》，也不可拿來證古代有井田制。…大概那春秋三傳裡沒有一部不夾著許多後人妄加的話。」「《周禮》裡的井田制說得很詳細、很繁複、很整齊。…這書一定是《孟子》、《王制》以後的書，…古代學者拿《王制》、《周禮》來注《孟子》，又拿《孟子》來注《王制》，又拿《孟子》、《王制》、《周禮》來注《公羊》、《穀梁》，卻不肯去研究《孟子》…等書的淵源線索。故以訛傳訛，積訛成真了！」（以上見此書的提要頁 1-5）

「我如果能有機會重做一篇〈井田考〉，我只要說一個意思："井田論是孟子憑空虛製出來的，孟子自己並未曾說得明白，後人一步一步的越說越周密，其實都是演述《孟子》的，不可用來證《孟子》"。」（頁 52）

參與這場辯論的原本是胡適、胡漢民、廖仲凱，接著朱執信也加入辯論。季融五寫了一篇長文（頁 64-114），來支持胡適的見解（作為此書的附錄 1），後來呂思勉加入爭辯（頁 129-47），批評胡適的看法。以現代的眼光來看，這些正反面的文字相當冗長，基本的要點一再反覆，不擬在此俱引。瞿同祖(1936)《中國封建社會》第 3 章第 2 節「授田及井田制度」，基本觀點與胡適類近。

2.陳伯瀛

陳伯瀛（1933）《中國田制叢考》第 7 節「井田事理尋論」（頁 14-21），列舉 7 項理由否定井田的可實行性。

（1）「以人情論之，井田不能有也。」豆腐干式的計口給田，能滿足人的私佔慾嗎？乾隆皇帝曾說：「如三代井田之法，豈非王政之善？當時所謂八家同養公田，公事畢然後敢治私事，此亦宜於古而不宜於今。近世人情日薄，誰肯先公後私？…今若用此法，必致八家各顧其私，互相觀望，公田竟至荒蕪不治。」

（2）「以人事論之，井田不能有也。」明萬曆間張璱著〈言井田不可行〉：「…後世蓋有爭田之訟，歷數十年而不能決者矣。沒官授人以田，而欲其均平乎？」得人（計算人丁）、審戶（查算戶口）自古為艱，何況審戶僅為井田制中的一件基本事情，其他稽察鈎知，手續繁多，古人做得到嗎？

（3）「以地勢言之，井田亦不可通也。」「前輩謂井田之法如畫棋局，則丘陵原濕必不可行。…古人所井者，只是中原平曠之地，若地方高低處，如何井得？」

（4）「以地形論之，不能言井田之可行也。」假使地形有寬狹尖斜，經界則不避山河之曲，其田則就得井處為井。不能成就處，或五七或三四、或一夫，其實田數則在。以「就得井處」而言，井之外畸零狗齒之地，將授之何人乎？或棄之不耕？井田之法利平壤，不利曲狹；利於整，不利於散。棄地多，用之恐不便。

（5）「以工程言之，不能言井田之可通也。」宋朝張載「有志於三代之法，以為仁政必自經界始，經界不正，即貧富不均。…與學者將買田一，盡為數井，以推明先王之道，未就而卒。」（《宋元學案》卷17「橫渠學案上」）葉適也說井田「其法煩細瑣密，非今天下之所能任。」以後世的行政能力尚且無法應付，古代人事簡樸，能實行繁瑣的井田制嗎？紀昀《閱微草堂筆記》內有一笑話：「劉

狪，滄州人，先高祖厚齋公多與唱和，好講古制，實迂闊不可行。嘗倩董天士作畫，倩請厚齋公題詩。內〈秋林讀書〉一幅云："兀坐秋樹根，瑰然無與伍。不知讀何書？但見鬚眉古，祇愁手所持，或是《井田譜》"。」

（6）「以遺產言之，不能必井田之可行焉。」「授田之法，八家子孫，世世皆止一子乎？一人數子，一子受田，餘子將安置？…八家復多生息，閑田既盡，又將何如？…子孫多者，能無飢走四方乎？」

（7）「以其創始與痕跡言之，不能言井田之曾見於行焉。」井田制度之起源，有人說無起源可尋，但這麼鉅大的事情，應是普遍易見，也應比長城運河更廣為人知，為何毫無史證可尋？井田的遺型舊跡，竟無史家記載？夏曾佑在《中國古代史》（頁81）說：「井田之制，為古今所聚訟。…社會變化，千因萬緣，安有天下財產，可以一時勻平者？其實情蓋以土地為貴族所專有，而農夫皆附田之奴；此即民與百姓之分也。」（頁49）

3. 萬國鼎

萬國鼎（1934）《中國田制史》內有三處以井田為題：（1）首章第1節以井田傳說不可信為標題（頁1-4），（2）同章第7節以「采地制井田論」（頁51-9）為題，（3）第二章第14節以漢代「井田論之演進」（頁88-89）為題。這三處的共同點，是反對井田制存在說。其中一項特色，是頁52-5複製明末徐光啟所作《農政全書》卷4的「井田圖」，讓讀者明白從「百畝為夫」到「夫三為屋」、「屋三為井」、「四井為邑」、「四邑為丘」、「四丘為甸」、「四甸

為縣」、「四縣為都」、「四都為同」這套九層式井田行政體系的
結構圖。

　　基本上他反對「井田始於黃帝，洪水之後，重修而復之。」的
說法，而這是從唐代杜佑《通典》到清代錢塘〈三代田制解〉，都
持續不斷的看法，甚至「近人陳柱氏作〈論井田制度〉亦信之」（頁
1）。古來言井田者大都依據《周禮》，但此書是漢世之書，「所
言井田制度，雖似詳密，實則細碎矛盾而不可通，其偽顯然。」（頁
3）以晚近出土的甲骨文來說，商代並「無所謂井田制。然則商且
無之，夏何能有，更烏得謂殷、周井疆溝洫之制，皆因夏之遺蹟哉。」
（頁3-4）

　　他認為商民族的農業技術殊為幼稚，用燒田法開闢農田，地力
消失則另闢新地，猶在原始之自然農業階段。卜辭內無「村」字而
有「邑」字，由遊牧變成土著，必聚住成村落，「邑」實即大村落
（後世亦稱采地為邑，稱縣為邑）。「商人概為齊民，無貴族平民
之分，而奴隸得自外族。…是奴隸必不能多也。」（頁9-10）這和
上古羅馬帝國俘人無數，因而產生奴隸墾殖地的情況迥異。若社會
上無領主農奴之別，就無公田私田之分，「然則商代猶未有所謂井
田制也。」（頁10）

　　西周興起後，瓜分殷之遺民，周代金文中錫（賜）臣僕庶人的
記載很多。殷人被稱為庶殷、蠢殷、戎殷，實際上已成為周民族的
奴隸，奴有奴籍，世代為奴。「蓋自商亡周興，社會一絕大變革，
商為氏族社會，土地為村落共有。周則一變而為奴隸社會，土地為
新興之貴族分割而據為己有。…西周社會有顯然之貴族與庶人兩階
級，而土田與奴隸均為貴族之財產。」（頁15）利用庶人（農奴）

耕作有兩種形式：(1)直接畜養庶人而驅使力作，這是純粹的奴隸墾殖制；(2)每夫授地若干畝，使庶人自養，而用力以耕公田。公田所出，則歸為貴族領主之收益，這就是「采地制」，也就是「籍而不稅」之制。（頁 15）

這樣看來，采邑制不是和井田制很相近嗎？傳說中的井田制，是把每方里的地劃成井字形，分成 9 份，每份百畝，中為公田，餘授 8 夫。農民各私百畝，同養公田，不另納稅；成年授田，老死則還。上述的采邑也有公田私田之分，也有「籍而不稅」之制，也應有成年授田、老後還田的規定。雙方的形成條件幾乎相同，但有一項根本的差異：「儒者所以歌頌井田者，為其均貧富也。而采地制則為領主壓迫農奴，榨取利益之一種制度。」（頁 55）

井田制與采邑制最根本的差異在於：(1)耕種者的人身權：井田制是自由身，采邑制是農奴。周是以武力征服商族，當然不會顧及農奴的均富問題，所以假若周代真的採行「井田」，必然不是後儒所歌頌的那一種。(2)西周銘文中的賜田，都是五進位（「臣五家」、「田十田」），這和井田制的「八家同井」制不合。(3)春秋時期的賜邑，有數邑而至數十邑者，大邑之下還有「屬邑」；而井田制的邑，如前所述，是「四井而邑」、「四邑為丘」（一套九層式的行政體系），這兩種邑的本質根本不同。(4)賜田、賜邑時，視臣僕如牛馬器物，可任意處置，哪有「均貧富、齊苦樂」的儒家理想境界可言？

萬國鼎認為井田之說，實發源於孟子，經漢儒之演繹而詳備。孟子的概念相當簡要，到了漢代的《韓詩外傳》（卷 4），對井田制就有相當理想化的描述；這是漢文帝、景帝時，韓嬰推《詩經》

之意而為內外傳,文長數萬言。(頁 88-9)到了《周禮》,在〈大司徒〉、〈小司徒〉、〈遂人〉、〈匠人〉、〈考工記〉內,對井田制有更細節的描述。之後在《漢書‧食貨志》、何休《春秋公羊經傳解詁》等書內,又有添加性的解說。相信井田制的後儒,就據以進一步發揮井田制的各類說法。若詳細對比諸項井田之說,就可見到相互矛盾的說法,「曲為解說,終不可通。」(頁 90-4)

萬國鼎在頁 94-7 還有 9 項有力的觀點,逐一駁斥井田存在論,內容較技術性質,因文長無法俱引。他的結論是:「總之,儒者所傳之井田,係漢儒演繹孟子之言,逐漸增補而成。…至《韓詩外傳》等實言之,《周禮》更務為詳實,不知自陷於細碎矛盾而不可通。…而增補者非一人,各出己意,故諸說違異。惟其為演繹之詞,託諸空談,非憑事實,故字不可通。然而一再演繹,展轉解釋,恍若三代實有其制。而後儒更據此以論其可復不可復,不亦迂乎。」(頁97)

4. 胡寄窗

為何井田說在過去兩千年間,不時被人們所嚮往呢?那是因為從戰國時代起,土地已開始自由買賣,土地兼併成為經常性的社會經濟問題。政府和無土地的農民,都期盼有土地平均分配的制度,以免農民流亡影響政權的穩固。「井田制正好是先秦出現的唯一小土地平均分配空想,儘管是望梅止渴,卻適應了這一期望。」(胡寄窗(1981)〈關於井田制的若干問題的探討〉第 3 節頁 61)

他接著以相當篇幅剖析為什麼《周禮》的井田派生模式,不可能是井田制度(頁 61-6)。所得到的結論是:「人們爭論不休的這

些矛盾都不在《周禮》土地制度本身，而是來自歷來爭論者的腦海之中。如果人們拋棄《周禮》田制是"井田"的先入之見，前述許多矛盾也都不成其為矛盾了。例如，我們能勇敢把〈小司徒〉的丘甸劃分不再理解為井田，只把它看作是征課軍賦的單位，則所謂夫、井、邑、丘、甸等不過是擔負和保養馬匹車乘的組織。它們完全可能同土地分配，溝洫系統、社會編制等等分別作不同形式的處理，各按其具體條件規劃，不必強為湊合什麼井田模式。這樣一來，尚何矛盾之足云。…唯一可能的結論是《周禮》的創作者根本就不曾把井田制作為理想中土地制度。」（頁65-6）

再從實際的生活來看，井是古代生活中相當重要的東西，所以《易經》64卦中就有井卦。在農業生產上，掘井溉田也是常見的事，所以常把「井」和「田」並聯在一起。古代的「耕」也作「畊」，更可見井與田的密切關係。但把井和田的關係，「從而幻想所謂"井地"之制，再由此而派生《周禮》式的"井田"制，都是不足為奇的。…從此，它在整個封建時期一直作為一個美好的理想而被千萬人所嚮往、追求乃至企圖予以試行。…田地的等面積方塊形式僅構成井田制許多條件中之一個條件。…除了這個技術條件之外，還有它的政治經濟學意義上的觀點，例如地租形態，財政征課方式及稅率，特別是小土地平均分配理想以及由此而推演出來的人們之間的相互關係等等。這些才是井田制成為一種經濟制度最值得考慮之處。單純就古代的方塊田地而言，最多只不過一個計量單位而已，根本談不上什麼經濟意義。」（第7節頁64）

5.陳瑞庚

陳瑞庚的博士論文《井田問題重探》（1974），結論是「周代沒有孟子所說的井田制度。」（頁140）他探討《詩經》的內容之後，得到一項結論：「綜合以上的各種分析，我以為從《詩經》的農耕詩，實在看不出周代有井田制度的痕跡。只要將前人的誤解、近人的穿鑿各點作深入一點的觀察，就發現《詩經》沒有一條資料夠得上做井田制度的證據。所以想從《詩經》證明井田制度，恐怕還難以達到目的。」（頁52）

陳瑞庚的論文分7章：(1)井田舊說的檢討（頁1-27）；(2)先秦文獻關於井田的疑似資料（頁28-39）；(3)從《詩經》農耕詩看井田問題；(4)從周代籍禮看井田問題（頁40-70）；(5)從周代土地所有權看井田問題（頁71-87）；(6)從西周的戰俘、奴隸看井田問題（頁88-105）；(7)從先秦地租制度看井田問題（頁106-38）。

他在第6章最後一節說：「累積的證據已夠對西周時代是否有井田制度作出決定性的研判，在此我就提出一個綜合性的研判。」（頁102）他說雖然周民族聯合其他民族戰勝了強大的殷民族，但周民族本身並不夠龐大，和它所佔領的疆域相較，是很不相配的。「一個本來人口就不太多的民族立國之後，又大事分封，人口的分散是可以想像的。…然而我們…發現西周初年的耕作情形，往往是龐大的人口在廣大的田地裡集體耕種。…周初存了相當數量監督農夫耕作的農官，如后稷、農正、農師、田畯等。…我們已證實了西周時代大量使用異族奴隸從事農耕生產工作。…使用異族奴隸耕作，也並不是西周所獨有：在商代，我們從甲骨文的記載，已知道商人有使用羌人耕作的事實；…也就是《國語》所謂的"隸農"。…

如果西周時代從事耕作的大部分是些異族奴隸，那麼西周時代就根本談不上什麼"井田制度"了。」（頁104-5）

其次，「再從周代土地所有權來看，西周早期的土地完全操諸周天子手中；稍後，頒賜給貴族的田地，漸漸變成貴族的私有財產，於是出現了轉賜、交換，甚至類似買賣土地的行為。這種情形也不似讓所謂"井田制度"能夠存在的社會。…我還相信周民族很可能還有類似自耕農存在，但從大體著眼，西周時代不會有"井田制度"存在，是可以大致確定的。」（頁105）

6.木村正雄

木村正雄（1943）〈「阡陌」について〉（72頁長文）內，提出否認井田制存在的論點。木村的基本論點，是認為漢代儒家為了責難秦的法家思想，而將漢代的土地兼併歸罪於秦制，並把先儒所倡導的田制（即井田制）作為糾正時弊的原理，就憑空捏造出井田制是自古以來聖王所實行的理想制度。並且認為在周代或秦，在商鞅以前的時期，井田一直是田制的骨幹。其實這種看法是一種虛像。（參見佐竹靖彥1999〈日本學術界井田制研究狀況〉頁246，以及木村1943:69-71的8條摘要與結論）。

4
何時說與何地說

　　第 1 節討論井田始於何？終於何時？這是何時說。我挑選 6 位
見解不同的學者，對比他們的看法，得到的印象是：沒有明確有力
的可信之說。第 2 節嘗試回答一個更具爭議性的問題：井田曾經在
哪些地區實施過？這是何地說，我得不出一個具體有力的解答。這
兩個基本問題竟然沒有明確可信的答案，似乎在暗示著另一個較大
的可能性：井田制或許不曾存在過。

一、何時說

　　持井田制存在說者，很少人認為夏朝（西元前 2183-1751）有
過井田制。接下來的朝代是商（西元前 1751-1111），也很少人認
為殷商時期有過井田制，主因是殷人多遷（《史記‧殷本記》：「自

契至湯，八遷。」）。①多遷自然無固定之耕地，當時即使有農業，基本上是以開闢草萊為主。《孟子》說「夏后氏五十而貢，殷人七十而助，周人百畝以徹，其實皆什一也。」對夏商時期的狀況，其實孟子也未必有把握，只是有此一說，未必可信。宋鎮豪（1994）《夏商社會生活史》內，對夏商的田制完全沒有討論，大概是因為這個主題的材料不足，還不足以提出論述。此時期與土地制度相關的記載很少，不能從單詞隻語做出過度的推論。接下來看周代有無井田制，我們先看彝銘的證據。

1.郭沫若

郭沫若（1954）《中國古代社會研究》第4篇第4章〈周代彝銘中無井田制的痕跡〉（頁284-90），對這個問題說得很清楚肯定：「在周代彝銘中有不少的錫土田或以土田為賠償抵債的記錄，我們在這裡面卻尋不出有井田制的絲毫的痕跡。」②（頁284-5）彝銘中的「井」字都是國名，如井方、井侯、井伯、井叔、井邑、井利、井公。「田既無所謂井田制，耕者亦無所謂"一夫受田百畝"的農人。」當時的「田界」也多以「山原林木為界」，這種情況也較合乎常識。「綜合以上的材料可得一斷案，便是周代自始至終並無所謂井田制的施行」。（頁290）再從另一個角度來看：主張有井田制者，基本上承認這是封建制度時期的產物，郭沫若的見解是：「可知春秋

---

① 瞿同祖(1936)《中國封建社會》頁 7-8 說「夏族曾經在河北河南山東一帶，下列地點往來遷徙十一次；」、「商族的遷徙極為頻繁。從契到盤庚便一共遷了二十次。」

② 劉桓(1993)〈試說西周金文中關於井田的兩條史料〉對此點有不同的證據。

初年之所謂封建，猶不過築城垣建宮室之移民運動而已。春秋初年猶是，則周代初年更可知。故余始終相信，西周時代之社會斷非封建制度。」（頁316，這是1930年2月的著作）。既非封建，就應無井田。

2. 胡寄窗

那麼，傳說中的井田出現於何時呢？我們來看胡寄窗（1981）〈關於井田制的若干問題的探討〉的說法（第5節，頁57-61）。《書經》中出現過14次「田」字，其中一次指狩獵，其餘指一般田地而非井田。《易經》內出現「田」字11次，7次指田土，4次指狩獵。「井」字出現3次，皆在井卦中，指的是水井，例如「改邑不改井」，是說改變社會編組也不必變更所依靠生活的井。在《大載禮・夏小正》內有「初服于公田」，這也不能確定是指井田。《詩經》和《春秋》都沒出現過井田，反而在漢代學者的注疏中，多次提到井田，這些說法常被現代學者引述為井田存在的依據：從原文中找不到答案，就透過注疏來作歷史推論。在第2章裡，我們已充分證明：在《孟子》之前的古籍中，從未出現過井田或井地，雖然「井」和「田」這兩個字時常出現，但皆與井田制不相干。井田的觀念，是在漢初以後才開始流行，尤其是《漢書・食貨志》出現之後，才成為家喻戶曉的名詞。

《國語・齊語》中有一句「陸阜陵墐井田疇均，則民不憾。」有人據此認為在管仲時期就有井田制。其實「陸阜陵墐井田疇」這7個字，應視為7件事物，每個字中間應加個頓號來區隔，「井田」這兩個字也應讀成「井、田」。如果「井、田」兩字連讀成一個名

詞，則此 7 字應如何解讀？如果「井、田」可以連讀，那麼之後的「疇均」是否也要連讀？表示什麼意思呢？若連讀為「井田」，則田地的分配已經平均，何必在此句的最後加個「均」字？再說，這句話後面還有一句「制鄙三十家為邑」，這和井田的「八家共井」無法配合。簡言之，《國語・齊語》內的「井田」，應分讀為「井」與「田」，與井田制無關。

《管子・侈靡》內有一句「斷方井田之數，乘馬甸之眾」。〈侈靡〉是《管子》內文字最凌亂的一篇，可能不是一人一時之作；錯簡百出，不能自成章段；文句多不通，精義亦少。持井田說者，把此句理解為：劃成方形的井田制，並制定其田之數目，分給人民耕作，此周之田制也。這是很勉強的詮釋，「斷方井田之數」的意思不夠明確，不能作為戰國時期有井田制的證據。如果戰國時期有井田制，滕文公還需要去請教孟子嗎？

3.楊寬

楊寬（1997）《戰國史》（頁 155-61），討論春秋戰國期間農田制度的變革。他認為井田制度是由原始社會末期的村社制度演變而成。在原始社會末期，隨著私有制的出現，產生了以個體家庭為生產單位的村社組織。村社的土地分為公田與私田，公田是由村社成員集體耕作，收獲用於祭祖、聚餐、救濟等公共開支；私田是按土地質量的差別，平均分配給各個家庭。在春秋中期之前，廣大農村地區依然留有村社的組織形成，保留有這種村社的土地制度，被各級貴族用作「分田制祿」的手段，成為所謂的井田制。他說「我國古代確實存在這種整齊劃分田地有一定畝積、按家分配份地的井田制。」（頁 156）

　　楊寬沒有確切指明井田制始於何時，只說是由原始社會末期的村社制度演變而成，但他明確指出，「戰國時代井田制已經破壞」。此外，他也認為古代長期推行井田制，實行「一夫百畝」的份地分配。楊寬的說法有幾點特色。第一，就井田的起始期和破壞期來說，「初始期模糊，破壞期明確」。第二，就井田的運作來說，「為了保持收入的均衡，私田每隔一年或幾年重新分配和更換一次。」（頁156）也就是說，井田制和輪耕制（「換土易居」）是相互搭配的。第三，井田制是由村社制演變來的。我願意相信這三個說法，但更希望楊寬能提供支持性的證據，而非主觀的認定。

　　井田制是怎麼瓦解的？「西周後期井田制已開始瓦解，周宣王就不舉行王畿公田的籍禮，廢止集體耕作的籍田，即所謂"不籍千畝"。到了春秋時代中原各諸侯國"民不肯盡力於公田"，…」（頁158）公田不治是井田制瓦解的症狀之一；另一項特色，就是井田以外私田的開墾不斷增多。這種私田在性質上不同於井田內的私田，而是承認"國人"所開墾的私田為合法：「春秋時代井田以外的郊野，已有私自開墾的小農存在。」（頁159）「到春秋末年各國的"國人"，大都已成為擁有耕地的小農。…"國人"耕作的"份地"首先私有化，於是住屋和耕地開始買賣了。」（頁160）到了商鞅變法時，田地已可合法自由買賣（這一點有人認為可議，參閱第9章第3節）。可以確定的是，到了秦始皇31年（公元前216年），「使黔首自實田」，確立了耕地的所有權（頁161）。

　　以上是楊寬對井田制存在始末時間的見解。如果真有井田制，我對他的崩解期說較同意，對他較不明確的井田初始期說，持較保留的態度。我認為如果真有井田制，應該是西周武王封建之後的土地制度。然而，「舉全國方萬里之地，限以一種法制，務使整齊劃

一，不得稍有異同，…」（陳登元（1982）《中國土地制度》頁32），這種全國上下實施統一的井田制，在地廣人稀的時期有何優點？以當時的交通狀況和教育程度，要實行這種井田制，其實要付出相當高的行政成本、監督費用、中間費用。我願意相信井田制存在，只是沒有人解說井田制在當時為何是「較佳」或「最佳」的制度？不能只說它存在，更重要的說明它能長期「存在的道理與優勢」。

井田不易存在的原因有二。(1)手續繁重：要先丈量田畝，清查丁口，還要換土易居。(2)人口增加後，國家必須為新增人口找尋耕地；家戶丁口若眾，還有諸多繼承與分產的糾紛。以春秋之前的國家主權較弱，能全國通行井田制嗎？

4.池田靜夫

就井田制發生的時期來說，池田認為井田在周代之前已經存在，是一自由的、自然發生的、散漫的制度。周朝是集權封建國家的創始者，在政策上強制施行井田制，才成為普遍的制度，具備整然的體系。周公之道為王道，與井田並存；王道的物質基礎即在於井田制，王道是井田經濟組織的上層建築。「中國歷代王道之所以不行，即因其物質的經濟基礎之井田經濟組織之缺乏。」（池田1933:11上）

依池田的見解，井田制形成的過程如下。當漢民族逐漸脫離遊牧狀態，為了防禦外敵以及自己的發展，形成了相互依存的紐帶；由適當的複數家族，作成了數十個小的集團，以此作為經濟上的一個單位。他們想出一種貫徹集團內部的自治，這種制度不採徵稅的形式，而採貢納的形式。徵稅含有支配的概念，貢納則排斥支配，

屬於自動地參與財政負擔,「這個遂使井田制度與其精神相符合。」
(池田 1933: 11 下)

這種制度至殷朝末年,逐漸成為普遍形態。這種制度在社會上
具有偉大的勢力,使新興的周室不得不承繼,並轉以具有權威的封
建制度來採用它(井田制)。周室對井田制的確認,更促成井田制
的發達,使它在內外兩方面都更加充實、更加擴張。在王權強化、
封建組織確立後,封建與井田成為相互強化的共生組織。(池田 1933:
11-2)

綜上所述,池田的井田「何時說」很清楚:在先民社會就有基
礎了,到殷朝末年已成為普遍形態,周室的封建制使井田制度強化
與擴張。這種看法自成一說,但前面引述過《史記·殷本紀》的說
法:「自契至湯,八遷。」遷徙頻繁的殷商,怎麼會有普遍秩序井
然的井田呢?多遷的民族有必要井然規劃耕地嗎?池田說周室的
封建組織與井田制相互強化,是較合邏輯的;至於夏商時期的井田
制,恐怕是臆想的成份居多。

現在來看池田認為井田制崩壞的時間。前面說過,他認為井田
制是自然發生的,但成為有力的社會制度,是由於政治組織的介
入,所以當周室封建勢力開始衰微時(相對於諸侯勢力的強大化),
井田制就跟著崩壞了。換句話說,就是保存井田制度者(王室)和
撤廢此制者(諸侯),雙方的經濟力逆轉了:王室盡其力維護井田
制,諸侯則不受此限,轉而去「征服夷狄,擴充疆土,或解放公田
及私有地,發給新農民。」在這種情境下,王室在社會的舊秩序上
求生存,諸侯則向新秩序發展。這種相互鬥爭的對立,破壞了封建
的紐帶,導致王室衰頹。(池田 1933 下:1-2)

接下來要答的問題是：井田制崩壞於何時？池田「認為周之東遷以降約百年間，即由 730BC 至 600BC 之期間，為井田制度崩壞之開端。」（池田 1933 下：7，他經過 4 個考察得出此結論）「要之，井田制度，在周世（室）東遷（798BC）以後約百年間，在有些國家既（即）已開始崩壞，至秦孝公時（350BC），則即完全喪失其社會組織之指導者的地位了。」（1933 下：9 下）

為什麼他把崩壞的下限定在 350BC（秦孝公 12 年）呢？所持的理由相當傳統：《漢書·食貨志》說：「及秦孝公，用商君，壞井田，開阡陌。」他認為商鞅「就是使此將滅未滅的，隨時代之推移而已式微的，而且使施政者感到痛苦極多的井田制度，壽終正寢之最後的一人。」（池田 1933 下：3 上）井田制度原先(1)否定土地私有權；(2)禁止土地買賣；(3)限定每個農民的耕作面積。商鞅變法之後，成為(1)承認庶民的土地私有權；(2)土地可以自由買賣；(3)農民的耕地面積無限制。

5.金景芳

金景芳（1982）《論井田制度》（頁 57）對井田制的產生、發展、滅亡，和前面幾位的說法很不相同。「大體上說，中國的井田制度是從夏初開始的。以後經過夏、商二代以至西周這一段一千多年的歷史而達到充分發展。自進入春秋以後，由於社會生產力的發展和政治的、經濟的各種原因，井田制由全盛而走向瓦解。這時，以私有制為基礎的封建土地所有制開始萌芽，並逐漸成長起來。到了戰國時期，井田制出現了全面崩潰之勢。相對的，封建的土地所有制則日益取得統治的地位。至秦統一中國以後，井田制遂完全為

封建的土地所有制所代替。總的說，井田制是和中國奴隸社會相終始的。」我對這段話有幾項評論。

(1)他認為夏代就有井田制，商代是個發展期，一直到西周為止。而本章前面的其他說法是：就算真的有井田，那也是東周封建之後才有的，夏商兩代並沒有，尤其殷商多遷徙，不會有井田。

(2)井田制在春秋之後走向瓦解，原因眾多，主因是土地私有制開始萌芽。我們在本書第9章〈商鞅與壞井田〉可以看到，一般認為井田之壞起於商鞅在秦變法（「壞井田，開阡陌」），那是秦孝公12年（西元前350年）左右的事。金景芳在此處說，井田是入春秋（西元前722年），就走向瓦解的過程；也就是說，井田制的衰落期達到4百年之久，不知證據何在？

(3)他認為到了戰國時期（西元前403年起），井田制開始全面崩潰。孟子向滕文公建議井地的時間，據錢穆《先秦諸子繫年》（頁345-52）的考證，大約是西元前323年至320年。也就是說，金景芳認為井田制全面崩潰的時間（西元前400年左右），和滕文公向孟子請教井地的時間，大約相差80年（或更少）。如果井田制崩潰的時間只在80年前，難道滕文公不知井田之事？難道滕國內沒有別人知道此事？還有必要去請教孟子嗎？

(4)金景芳認為井田制崩壞後，「封建的土地所有制則日益取得統治的地位。」其實商鞅變法的一大罪名，就是「除井田，民得買賣，富者田連阡陌，貧者亡立錐之地。」《漢書·食貨志上》（頁1137董仲舒語）。也就是說，秦統一之後是採土地自由買賣制，怎麼會如金景芳所說的：「井田制遂完全為封建的土地所有制所代替。」？

(5)金景芳的結論是：「總的說，井田制是和中國奴隸社會相始終的。」有無奴隸制是個大可爭辯的問題，這在本書第5章第2節會再詳述。在此我只想問一個常識性的問題：孔子生活的春秋時期（西元前722年至403年），依金景芳的說法，當時井田尚未崩潰，請問那時候還有奴隸制嗎？為何我們在《論語》裡看不到一絲影子呢？從上述的五點看來，我認為金景芳的說法沒有依據。

6.徐喜辰

徐喜辰（1982）《井田制研究》（頁42）的小標題說：「井田起於夏初」。這是我見過語氣最肯定的說法，也是井田存在時間最早的說法。他的證據大都是文獻內的單言片語，例如引用《左傳》哀公元年記載伍員談到少康中興時，說過「有田一成」，而「一成」就是《周禮・考工記・匠人》職所說的「方十里為成」的「成」，而「成」就是百井，這樣就推論出說夏代有井田制，讓人難以接受。再舉一例。他引《漢書・刑法志》內的「地方一里為井，井為十通」，認為這「說明了殷周時期的土地區分。」（頁43）他引顧炎武《日知錄》〈其實皆十一也〉條內的一句「古來田賦之制，實始於禹」，就說：「所以，古代文獻中也多謂井田起於夏初。」

就商代的井田證據而言，他在頁49第2節的標題說：「商代的公社及其所有制即井田制度」。徐喜辰證明殷商有井田制的方法，是大量引述甲骨文的說詞，但都缺乏直接有力的證據。他引《孟子・滕文公上》的一句「殷人七十而助」（頁72），說「商殷時期的每一個別的公社農民只有通過其所屬的公社才能領得自己的份地。…公社農民的剩餘勞動是以耕種"公田"的形式而出現的。…這

就是孟子所說的"殷人七十而助"的"助法"。」怎麼可以用孟子的一句話，來推論殷代有井田制呢？

簡言之，徐喜辰認為井田制從夏代就有了，殷商時期也沒問題，周朝的井田制更是明白：「西周奴隸社會中的土地所有制基本上是一種從公有制到私有制的"中間階段"的公社所有制即井田制度。」（頁126）此句甚長，可以解讀如下：(1)井田制在西周時期，是從公有制到私有制的過渡階段，即非全屬公有，也非全屬私有。(2)井田制在西周時，仍是奴隸社會的公社所有制。我不太明白這兩個要點的真正意思。

井田制是何時崩潰的呢？他一開始（頁2）就給了明確的答案：「這種公社及其所有制即井田制，經過了夏、商、西周、春秋到戰國前期的一個較長階段後，於商品交換關係的進一步發展，才逐漸走向解體。」這句話可以理解為：到春秋戰國時期，土地逐漸私有化，可以自由買賣，導致井田制崩潰。這種說法在前面幾小節已重複多次，沒有特殊之處。

二、何地說

上一節的何時說內，我對比6項不同的說法，得到一個簡明的圖像：主張井田制存在說者，基本上都同意它的崩潰期是在戰國末段，尤其商鞅壞井田之事，幾乎成為共同接受的井田制崩潰點。至於是在何時形成的？那就眾說紛紜了，夏代說也有，殷代說也有，但多數支持周代封建制度與井田制相生、相成、同潰的觀點。現在我們要討論一個更困難的具體問題：如果有過井田制，那是在哪個

地區實行的呢？是一時一地的呢？還是普遍通行的？主張井田制存在論者，大都避談這一點，以下的說法是間接的，得不出一個結論。

以東邊的齊國來說，在春秋時期就已經「履畝而稅」，表示已無公田與私田之分，已不是八家同耕公田，而是依農民各自的耕作面積徵稅，自然就沒有井田制了。據說齊國是最早施行履畝而稅的國家。春秋時期，依《左傳》襄公 15 年記載，晉國「作爰田」、魯國在魯宣公 15 年「初稅畝」、楚國在魯襄公 25 年行土地改革、鄭國在襄公 30 年也做了土地改革、秦國在簡公 7 年「初租禾」（土地與賦稅制度的變化），這些都是井田制已不存在的訊號（徐喜辰 1982: 186-7, 190-2）。戰國初期，魏國用李悝改革土地制度，也已無井田制（頁 253）。這些國家的零碎記載，可以用來說明井田制已不存在，而不是用來說明井田制的存在：能證明「已經看不到」，並不能因而推論「曾經存在過」，至少在中原地區和東方國家皆是如此。

現在比較能說井田制存在過的地區，只有西邊地廣人稀的秦國。沒有人能有效地證明井田在秦國存在過，而是從商鞅壞井田的說法，逆推秦國有過井田，這也不是可靠的做法。較明確宣稱秦國有過井田的是佐竹靖彥，他在〈日本學術界井田制研究狀況〉（1999：240）說：「最具典型意義的井田制，應該存在于陝西平原一帶。」他在〈從農道體系看井田制〉（1999a：135 圖 4），說明「在渭水北岸的東部，分布著東西走向的規則的農道系統，而在其西部分布著南北走向的規則的農道系統。」他推論說，這可能就是商鞅時期的阡陌制度。從「商鞅破壞了井田農道體系的阡陌制度」（頁 136），他推論出井田割地和阡陌割地之間的面積換算關係（參

見本書第 8 章的插圖 2）。經過長期的研究，佐竹說「筆者明確地認為井田制確實存在。」（1999:240）他所謂的存在，是指陝西平原的渭河平野，讀者不可據以過度推論說，井田普遍存在於中國各地（參見第 8 章第 4 節，尤其是結語部分）。

楊寬（1999）《西周史》頁 181-3「論井田制的實行地區」，要回答兩個問題：(1)井田制為什麼要劃成方方整整？(2)井田制在哪些地方實行？答案是：田地劃成方方整整，「是和統一治理和管理水利灌溉的需要有一定的關係，…這種方整的井田制度既是由於統一水利灌溉需要而設立的，所以一般只實行在有水利灌溉的平原地區。同時，山林沼澤地帶是不可能劃分得這樣整齊的。」（頁 181-2）也就是說，井田不能設在「陸阜陵墥」之地，只有在「衍沃」之地才能實行井田制。如果在衍沃之地才能行井田，只要人口密度超過平原耕地面積的供養能力，井田制就必然要崩潰。

接下來，楊寬認為在衍沃之地行井田制，「這種情況不是我國所獨有的現象，日耳曼的"馬克"（或譯 "馬爾克"）也有同樣的情況。」（頁 183）這就引發一個「獨特性」的問題：如果井田制不是中國所獨有，那為什麼還要做特別的探討？不如乾脆對比中國、歐洲和其他古文明的「井田制」，豈不更切題？中國的井田制如果存在過，它的特點是因為和封建的政治、社會、賦稅結構相結合，才具有它的獨特性，這不會是歐洲、其他古文明、原始部落也都有的制度。徐中舒(1955)〈試論周代田制及其社會性質：並批判胡適井田辨觀點和方法的錯誤〉頁 62 說：「…井田，只是適合古中國東方低地的田制，不是（全世界）普遍存在的。」

綜合本章兩節「何時說」與「何地說」的各種見解，我得不出一個具體的答案，可以確切說明井田制於何時何地實行過。我認為

夏商兩代應無固定的田制，井田制若真存在的話，最多也是在西周
有封建制度之後才會有。但就一般的情況來說，那時期人口和可耕
地之間的關係，應該還沒有到達緊張的階段，為何要實行一夫百畝
的緊密型井田制？為何不讓平民百姓各自耕作兩三百畝的田地，這
樣不是可以得到較高的稅收嗎？井田制應該是在人稠地稀時，才被
迫採取的均田制，怎麼會在周代就發生呢？

5
運作問題與後世的濫用

　　前面幾章討論的議題，都是宏觀性的、上層建築性的、大哉問式的，本章第 1 節轉入微觀的、具體的、實際生活式的議題。在這類的眾多問題中，此節只能就授田法、納賦法、管理問題、遷徙、稅率這 5 項問題做淺顯的描述，主因是學界對這幾個問題的知識有限，每作一說都會引起更多的疑惑。如果要提出具有說服性的井田說，那就必須先解決這類的具體問題，否則空辯井田有無於事無補。第 2 節舉例說明，從漢代到民國一直有人對井田制念念不忘，把這個概念投射在許多匪夷所思的用途上，後世對井田制的濫用，讓人有嘆為觀止的感覺。

一、運作問題

　　假設井田制真的存在過，那就有一連串的實際問題需要回答：根據哪些原則授田給耕作者？如何處理繼承問題？如何應付新生人口的耕地需求？土地的所有權如何界定與執行？如何納稅與服勞役？人口增多後如何遷徙？稅率有多高？能顧及公平性嗎？如何輪耕？易土耕作？如何開墾荒地？農民之外有工商業階級嗎？他們又是誰？民間的日常需求與產品如何交換？宅地、園圃、牧地、山澤這些非耕地的分配權在誰手中？井田制是一種有效率的生產方式嗎？學界對上述的問題，有五花八門的答案，但都還離足以證實井田制存在的程度很遠。

　　井田制是否能長期、普遍、穩定地運作？生產能量和經營效率是否具有優勢？在制度管理、繼承關係等方面，監督是否效率？成本是否合理？在面對人口壓力和政治變動時，井田制如何調整應付？用這些實際的問題來檢討，所得到的結論是：先秦時期的井田制如果真的存在過，那應該是一時一地的狀態，而非普遍性與長期性的制度。

1.授田法

　　錢穆（1932）〈《周官》著作時代考〉頁 409-10 對井田制的授田方式描述如下。「一輩貴族中地主，劃分著他們所受封的一整塊土地，賜給家耕戶，為之墾治。各家分得同量的一區，為其各家之私業。而同時合力來墾治另一區的公田，作為對地主的報償。公田不必定在中央，一井（即一組）不必定是八家。亦儘可有五、六家

一井，十一、二家一井者。此一井之公田，亦儘可在百畝以上或以下。所謂"八家同井，井九百畝，中為公田"者，此乃是公田制裡一個最像樣最整齊的模範格局。而所謂"私田"者，則只是耕戶各私其田畝墾治之所穫，而並不是私其田畝之所有權。萬充宗曰："古者地廣人稀，田不盡井，隨處皆有閒田餘地。授萊田，取之於此。圭田及餘夫之田，亦取於此。且生齒日增，己井之田不足以給，亦取於此以授之。每夫百畝，不必盡為井田之制也。"此說似乎較近情理。惟是既在封建制度下之一種授田制度，則土地所有權，必屬封建地主，自可無疑也。…然而權利觀念之生長和進展，終於不可避免。於是"雨我公田，遂及我私"之歌頌，遂不免變成如何休所謂"不肯盡力於公田"之情況。耕戶之不肯盡力於公田，即是助法制度要崩壞改革之先機。於是在貴族階級中，自有人會想到把公田一併頒給了耕戶，而在耕戶們各自耕種的田地上，派他們繳納額定的租稅。此即所謂"校數歲以為常"之"貢法"也。如此說之，應是助法先行，而貢法後起。」

上述的說法近情合理，但有些關聯的問題需要解答：(1)哪些人有資格得到授田？人人都可分配到足夠生活的耕地嗎？外來的移民呢？(2)每戶人口不一，所得的私田畝數大體上相同嗎？戶口多而田不足夠者如何處理？(3)沃度不同的土地，如何分配合理的畝數？(4)平原地分配完畢之後，山地、河川地、沼澤地也依同樣原則來分配嗎？(5)若當時的地力必須三年輪耕，如何移動某井的農民到另一地區？這些複雜的變動，都由土地所有者規劃執行嗎？(6)若遇天災（水旱蝗害）人禍（戰爭），糧食不足或百姓被迫遷徙時，井田制是否能維持或能迅速復原？

2.納賦法

井田制與納賦法之間的關係，目前所知有限，大都只有一些零碎的主張，缺乏具有信服力的論證過程，整理如下。

沈長云（1987）〈說井田是為徵收賦稅而實行的對土地的規劃〉的主要論點，已在此文的標題完整說明。李修松（1987）〈井田制屬周代軍賦徵收制度〉，主要論點是：「如果要說周代存在井田制的話，那它只是一種徵收軍賦的制度。」杜正勝（1979）《周代城邦》自序頁 18 說：「探討井田制的精義在於整頓賦稅，編組農莊，不是"方里而井，井九百畝。"…」何茲全（1991）《中國古代社會》頁 76，說「先秦文獻中所講的井田制，已經是王公貴族使用舊形式對農民進行剝削收取租稅的組織，完全喪失了氏族成員在公有份地上勞動的性質。」錢穆（1932）〈《周官》著作時代考〉頁 414-6 引用孔廣森《公羊通義》的說法：「"有軍旅之歲，一井九夫百畝之賦，出米二百四十斛，芻秉二百四十斤，釜米十六斗"，謂此田賦也。古者公田籍而不稅，有武事，然後取其賦。故"賦"之字從"貝"從"武"。…今魯用田賦者，是無軍旅之歲，亦一切取之，厲民甚矣。…原來田稅是經常的，而軍賦則是臨時的。魯哀公卻把臨時的軍賦，一併按年徵收。自此農民遂逐年有兩分負擔，而政府則逐年有兩分收入。」

3.管理問題

陳登元（1930）《中國土地制度》頁 36 說實行井田制有三大困難。(1)手續繁重：若要行 30 歲授田 60 歲歸官，就必須丈量田畝，清查丁口。再加上「三年換主易居」的輪耕，事情就更複雜。若政

治清明百事有序，井田較易行；若逢天災人禍戰亂失所，井田制如何應變？(2)人口漸增後，計戶授田制的困難度愈高，尤其是人口呈「幾何級數」的成長時，靜態的田制如何應對急劇增加的丁口？在人口的壓力下，井田制能撐住百年不變嗎？(3)以人性的自利來看，若無有效的監督系統，很快地就「民不肯盡力于公田」，「公作則遲，有所匿其力也。」

4.遷徙

徐喜辰（1982）《井田制度研究》頁 154-5、201-4，說明周代農民不能任意遷徙，這是犯罪行為，"則唯圜土（監獄）納之"。在不能遷徙的狀態下，井田制較能維持。到了春秋時代，尤其是在後期，有些國家採取「招徠民」的政策，百姓的遷徙大興，這樣就很難維持固定地籍的井田制了。《周官·地官》說：「徙於他邑，則從而授之。」此時井田制大概就維持不下去了。

5.稅率

井田的稅率有多高呢？如果是八夫共耕一份公田，而且公田的產物全歸地主所有，那麼，從地主的觀點來看，稅率就是九取其一（11.11%）。何休注《公羊傳》（宣公十五年）時說：「故聖人制井田之法，…一夫一婦受田百畝以養父母妻子，五口為一家，公田十畝，即所謂什一而稅也。廬舍二畝半，凡為田一頃十二畝半，八家而九頃，共為一井，故曰井田。…」本來是 11.11%的稅率，經過何休的註解，修改成為好算好說的 10%，陳登元（1930）頁 30 批評這種說法：「乃必欲附井田於什一。心中橫有"什一"，遂無法而不什一矣。」

　　歷史學界對夏商周的稅率有過許多討論，侯家駒（1983）〈井田叢考〉頁 119-22，對「什一之稅」有詳細的討論，很可以參考。但這類的討論都沒有回答一個核心的問題：在不同的年代、不同的土地沃度、不同的人口密度、不同的地域，都採取相同的稅率嗎？

2 後世的濫用

　　後儒附會井田之說的例子不勝枚舉，以下引述杜佑《通典》卷 3 的例子，就可看出後世對井田制的過度美化與理想化。「昔黃帝經土設井，以塞爭端，立步制畝以防不足。使八家為井，井開四道，而分八宅，鑿井其中。一則不洩地氣，二則無費一家，三則同風俗，四則齊巧拙，五則通財貨，六則存亡更守，七則出入相同，八則嫁娶相媒，九則有無相貸，十則病疾相救。」這幾乎是要把〈禮運大同篇〉的理想，寄託在井田制上完成，未免過度衍伸。何休在註解《公羊傳》時也說：「夫飢寒並至，雖堯舜躬化，不能使野無寇盜，貧富兼并。雖皋陶制法，不能使強不凌弱。故聖人制井田之法，而口分之；…」（引自陳登元 1930《中國土地制度史》頁 26-9）這也是在把井田優越化。

　　《舊唐書》卷 43 內有一句話說：「掌分理戶口、井田之事」，唐代已無井田，但仍用此名義來作為「田地管理」的代稱。《清史》內有「井田科」，也是類似的道理。在二十五史內，若以「井田」為關鍵詞，可以找到數目驚人的筆數，可見井田這個概念，在漢民族歷史上的根深柢固。甚至在《大藏經》內，也有「井田至二千戶」的說法，這應是指佃戶而言。

　　清雍正朝發生過的「曾靜案」，在雍正所著的《大義覺迷錄》內有詳細記載。史景遷（Jonathan Spence）所著的《雍正王朝之大義覺迷》（*Treason by the Book*，中譯本 2002 年），對這個案件有動人的解說。王汎森（1992）〈從曾靜案看十八世紀前期的社會心態〉，描述曾靜對井田制理想的幻覺。曾靜「因為在長沙市街上，他看到"五星聯珠"的告示。對於這一吉兆，曾靜的解釋是他幾年來心中蘊蓄的井田制理想要得到實現了。他想，一旦井田實行，天下人都有田可耕，故不必遷川了。但他等了兩年多後發現井田仍未實行，…從曾氏供詞可看出他最大的不滿是土田盡為富戶所佔以致分配不均的問題，所以他對《孟子》中的井田制最嚮往。…因對貧富不均強烈的不滿，使得曾靜對井田制極為心儀。他最初之所以特別被呂留良著作所吸引，不是因為呂著所涉及的種族思想，而是因為大部分人都說井田不可復，唯獨呂留良認為可行。…曾氏承認他自幼讀《孟子》中有關井田的段落便心生歡喜，…但曾氏認為實行井田制比遷往四川更能解決普天下之問題。」（頁 165-7）其實雍正本人也實行過井田，詳見第 10 章第 2 節的解說。

　　侯家駒（1979）〈"開阡陌"辨〉頁 81 註 31 引用明代名將戚繼光的《忠武誌》卷 4：「八陣中，有握機之數，寓於地軸，共為九陣，即九夫為井之制也。八陣外有遊軍，…皆臨時制變錯綜八陣而用之，即井田有溝洫為之經緯者也。」沒想到井田也能和軍陣扯在一起，井田在此處只是一種方便解說的譬喻，但也可見井田的觀念已普遍深入人心。

　　這不是惟一的例子。侯家駒（1983）〈井田叢考〉頁 114-5 內，引用民國時期軍事名將蔣百里的說法，也同樣讓人錯愕。「有費盡心血用人為制度而成功者，也有兩種：一為歐戰時才發明，十年來

才實行，西人的國家動員；一為中國三千年前已經實施的井田封建，他的真精神就是生活條件與戰鬥條件之一致。…井田不是講均產（在當時也不是一件奇事），是一種又可種田吃飯又可出兵打仗（在當時就是全國總動員）的國防制度，懂得這個道理創制的是周公…最後成功的是商鞅，所以開阡陌正是恢復井田。」（頁 114）這是讓人驚奇的說法，請參見本書第 8 章對商鞅壞井田的不同說法。

近人徐復觀「認為井田間的溝洫、澮、川，可在車戰時代形成對敵之防禦。故《左傳》成公二年，晉國於大敗齊師後，提出的和談條件之一，就是"使齊之封內盡東其畝"，即是使溝、洫、澮、川及其道路，皆成為由東西向，表示齊國對西方的防禦完全撤除，…皆謂晉文公征衛國後"東衛其畝"，那就是壓迫衛國把井田的溝澮，改為由西向東，以便爾後晉國兵車的進出。」（頁 115 上）

「可知井田制實為防禦設置，而為守勢陣法之濫觴；另一方面，我國古代攻勢陣法，亦可能起源於井田制度，這可從唐太宗與李靖的問答中看出："靖曰，臣按黃帝始立丘井之法，因以制兵，故井分四道，八家處之，其形井字，開方九焉。…虛其中，大將居之，環其四面，諸部運繞，此所謂終於八也。…靖曰，周之興始，則太公實繕其法。始於岐都，以建井畝。戎車三百輛，虎賁三百人，以立軍制。…"因而可說，八陣圖可能起源於井田制，…」（頁 115 上下）現在我們才明白，原來井田制有此神效。

6

封建制度與軍事賦役

　　本章的第 1 個主題，是探討封建制度與井田制之間的關係，這個主題在 1945 年之前有較多的討論，論點也較合乎常理。在所挑選出的 5 種說法中，只有胡適持否定說：他主張歷史上不存在過井田制，所以和封建制度不相干。其餘 4 位的說法雖然各異，但大體上都持著「封建制度與井田制大致上相始終」的看法。第 2 節的主題，是井田制與軍事賦役體系之間的關係。否定井田制者，對這項關係自然也不承認；肯定井田制者，對這項關係則言之鑿鑿。從所挑選出來的相關見解看來，這些說法過於成熟嚴密，不像是夏商周激烈變動時期所能發展出來的組織與體系，反而讓人覺得這是後儒「愈說愈週密」的思維產品。

一、井田制與封建制度

1. 胡適

　　胡適在《井田制有無之研究》頁 3-5 提出封建制度與井田制不相干的看法。「"封建制度"一個名詞的大弊，在於偏重"橫剖"的一面（如《王制》等書所說）。其實所謂"封建制度"的重要方面全在"縱剖"的方面，在社會各階級上下互相和臣屬的一方面。不在豆腐干式方面，乃是寶塔式的方面。這種制度極盛時，下級的臣屬服服貼貼的承認上級的特殊權利。…古代的相臣屬制度是默認的。後來"封建制度"破壞，只是這個默認的上下相臣屬的階級搗亂了。古代並沒有均產的井田制度，故有"無衣無褐"的貧民，有載玄載黃的公子裳，有"狐狸"的公子裘（〈七月〉），有"千斯倉，萬斯箱"曾孫，…因為古代本沒有均產的時代，故後來的"封建制度"的破壞並不是井田制的破壞。」

2. 錢穆

　　錢穆（1932）〈《周官》著作時代考〉對井田與封建的關係，有下列稍零散但甚具參考價值的見解。「周人封建之力所至，即是周人文化政制之所及。首先是闢地劃田，為之疆理。…漢人晁錯亦謂："臣聞古之徙遠方以實廣虛也，…然後營邑立城，製里割宅。通田作之道，正阡陌之界。…"故井田之與封建，此兩制度實同時並起也。至其所以名為井田者，或是數家同井，資為灌溉，為當時耕墾土地一個自然的區分。或是阡陌縱橫，形如井字般，略如後世所述井九百畝之制度。其詳不可知。總之所謂一井，只是一組耕戶

和別一組耕戶之劃分。至於用數目字來精密敍述，則多半出於後來學者間之理想和增飾。整齊呆板，並非真相。」（頁406-7）。

「井田制之主要精神，本維繫在封建制度上。西周王室之初行封建，其懿親功臣，隨其天子之勢力，而封殖到東方來。一如棋枰布子般，先是東一子，西一子，稀疏歷落，依著局面之緊要處，而絡續地散開。本不曾如《孟子》、《周官》、《王制》許多書中所說，有那樣像方格塊般的嚴密、緊湊和整齊。…一如周室之分封，來封殖他們的子弟宗親。一樣地稀疏歷落，散布在侯國之境內或伸展到新闢的領土去。…井田本是一種圍在格子眼裡的東西，亦復稀疏歷落，一區區地分隔存在。以後人口愈增，土地愈闢，所謂格子線，根本不能存在，那格子眼裡的東西，如何能保持原態？此乃井田制崩壞之最大原因，同樣隨著數百年來之自然衍變而改動。」（頁435-6）

「起初是分疆劃界，東一塊，西一塊，…後來攪做一起，互相接連，棋盤上成了大殺局。最顯著者如鄭國。地狹民稠，變動最亟。子駟、子產父子，在十年間，相繼想把鄭國境內田地疆界封洫重加整理。然子駟因此被殺，子產也險不免。…可見"經界"實為井田制裡最重要一元素。…而慢經界則是一退步。孟子論井田，…至其論正經界，則實為當務之急，未可一并而譏。」（頁439）

「古人謂之"封疆"，今姑稱之曰"格子線"。封國有格子線，而井地也有格子線。然封國之格子線破了，仍可有國，而井田之格子線一破，則不復有井田。…其實"開阡陌封疆"者，即是剗去與打開格子線之謂。…封疆既為井田與封建之同一要徵，因此，廢井田，開封疆，亦如等於廢封建。所以商君入秦變法，…此即把國內封君采地，一并收為國有，是即廢封建也。」（頁442，446）

「吳起亦承李悝遺教，主張破封建，盡地力。商鞅又承李悝、吳起遺法而推行之於秦國。結果，吳起、商鞅均遭秦、楚封君貴族之怒，而致殺身。…所以李悝并不為人注意，而吳起、商鞅卻轟動一時，既得名，又得禍。…因後世更無古代封建遺迹可見也。」（頁450）

「在高的堤封上，種立一排樹木，即以表明此封內田地之有所屬，是即所謂“封建”也。游牧部落分隊之標幟用旗，故名“族”。…農耕部落分土之標幟用樹，故名“社”。」（頁453）

「井田本隨封建而來，…而《周官》書中，卻從井田上來造封建，先後倒置，顯見非史實錄。…而《周官》說來愈細，乃愈見其為晚出耳。…此乃先有了井田規劃，纔分丘、甸、縣、都等區域。無異於說先有田制，再造都鄙，顯違古代情實。…井田本只是在封建制度下自然形成的一些散亂的現象。而《周官》著者卻從“九夫為井”上，推定出五等封爵的規模來，成一嚴密整齊的系統。…好像天下早已一縱一橫、千夫萬夫地盡劃成一方方的“井”字，然後再在那些井字上分建五等封爵，…何能有此？」（頁462，463，465）

3.陳啟天

陳啟天（1934）《商鞅評傳》頁72-3 對封建與井田制的說法是：「然在實際上，則政治統治權，天子不過與諸侯，卿，大夫，士分治；土地所有權，天子也不過與諸侯，卿，大夫，士分封，分土而封，分封而治，世有其地，世治其民，所以叫做封建制度。井田制度是封建制度下的一種土地制度，同時又是一種賦稅制度。…由馬（端臨）氏的考證（《文獻通考·田賦考一》馬氏按語），可知井

田制度與封建制度之不可分離的關係。有封建制度，才能產生井田制度；無封建制度，便不能恢復井田制度。井田制度只是封建貴族的一種土地私有制，並非土地公有制，也非原始共產制。強名為公有，也只是小數貴族公有，絕非多數農民公有。」

「簡直可以說封建貴族即是一種有統治權的大地主。封土以內的農民，不過是封建貴族的附屬品，不但要為貴族耕土地，而且要受貴族的統治。井田制是封建貴族為便於統治農民分土助耕的一種方法。這種分土助耕的方法，因井方一里，必在平原始能適用，不在平原決不能適用，故《周禮》有匠人和遂人的分別。…按所謂助法即是井田制，只適用於平原的都鄙。至於非平原的鄉遂，則另用貢法，孟子所謂"國中什一使自賦"即是。故井田在封建時代也不是一種普遍的田制。…井田制既是封建制的副產物，故必有了封建以後，纔能發生井田制。中國封建制起源於周前，完成於周初。故井田制也起源於周前，完成於周初。」（頁75-6）

「井田制行於西周時代。但到了春秋時代，因種種原因，便使井田制不能完全維持，而發生動搖了。…列國為戰勝攻守計，不得不擴張軍費，加稅於民，致不能保持井田的助法。《左傳》稱"魯宣公十五年，初稅畝；"、"魯成公元年，作邱甲；"；"魯公十二年，用田賦；"，這都是用重賦破壞了井田制的證據。」（頁77）

「又國大民眾以後，雖欲復行小國寡民的井田制也絕不可能。這也是井田制動搖的一個重要原因。商鞅認清了井田制不能再行存在的幾種重要原因，故於秦孝公十二年實行郡縣制度時，同時實行廢井田開阡陌，將封建制度的經濟基礎根本推翻了。」（頁77-8）

4.池田靜夫

　　池田靜夫（1933）〈中國井田制度崩壞過程之研究〉（上）頁
11-2，解說封建組織與井田制度之間的關係。「井田制度，周以前
只是一種自由的，自然發生的，散漫的制度，至集權封建國家之創
始者的周室。在政策的實行上而強制施行，於是始形成了一個普遍
的社會制度，而具備了整然的體系。…但是周公之道為王道，王道
與井田，當係並存的，而且王道之物質的基礎，即在於井田制。王
道為井田經濟組織之上層的建築，這種認識是極當的。中國歷代王
道之所以不行，即因其物質的經濟基礎之井田經濟組織之缺乏。」
（頁 11 上）

　　「這種制度，不採徵稅的形式，而採貢納的形式。前者（徵稅）
含有支配的概念，至於後者（貢納），卻是排斥支配，作為代價而
自動地參與財政負擔的意義。這個遂使井田制度與其精神相符合。
我由自然的傾向上來看井田制度之發生，便即這樣地解釋，但是降
至殷朝末年，這個漸漸成為普遍的形態了。這種現象，由其（井田
制）在社會上具有偉大的勢力，使新興的周室，不得不承繼之（井
田制）而作為一個有權威的制度來採用牠之一點來看，亦是很明白
的。」（頁 11 下）

　　「周室對於井田制度的成法之確認，又促成了井田制度自身之
發達。自此以來，這個制度，在內外兩方面，都更加充實更加擴張。
迨至王權擴大強化，封建組織確立之後，此種傾向，更加快速而進
展了。由以上看來，井田制度與封建制度的關係，是很明白的。二
者之發展的傾向相同，同時其頹廢的傾向亦相同。由春秋至戰國，
到了大小兼併，弱肉強食之國際鬥爭的 Dask（Dark）age，以王道

的基礎的周初之封建組織沒落了，因之，井田制度亦隨之而崩壞了。」（頁 12 上）

5.徐喜辰

徐喜辰（1982）《井田制度研究》頁 176-8 對井田制和封建制度的共同衰敗，有不錯的解說。西周末年，厲王無道，至周宣王「時宣公無恩信于民，民不肯盡力于公田，故履踐案行，擇其善畝穀最好者稅取之。」（《公羊傳》宣公十五年何休注）這種做法的用意，是要改變「公作則遲，有所匿其力也；分地則速，無所匿遲也。」的缺點。當政者不再以公田、私田來區分，因為所能課到的稅變少了，轉而「履畝而稅」（有田畝有產出就課稅），以提高稅收，甚至是「擇其善畝穀最好者稅取之。」

西周末年公田漸廢，稅畝起，此時的井田制已難維持，封建（封藩屏周）的基礎也動搖了。《左傳》哀公十一年說孔子「而私于冉有曰：…若不度於禮，而貪冒無厭，則雖以田賦，將又不足。且子季孫，若欲行而法，則周公之典在，若欲苟而行，又何訪焉。」《國語・魯語下》有類似的說法：「若欲犯法苟而賦，又何訪焉。」可見「賦」是犯法的作法。整體而言，到西周末期封建制度起了動搖，公田漸廢，稅畝起，井田制也就無法存在了。

宣王三十九年時，周軍大敗，《國語・周語上》說：「宣王既喪南國之師，乃料民于太原。」「料」，即是「數」，指登記人口，這樣才有戶口登記，方便課稅、補充力役與軍源。這樣就開始了編戶齊民的階級。[1]

---

[1] 李根蟠(1989)〈井田制及相關諸問題〉頁 32-5 對井田制與封建領主制有許多見解可以參考。

二、井田制與軍事賦役

1. 謝無量

謝無量（1933）《中國古田制考》認為井田制與軍賦有密切的關係。「井田制不要看他是一個簡單的豆腐干塊式。他是古代封建社會一切制度的基礎。與當時一切制度，均有互相關係之連環性。尤其是軍賦制度。他用土地人口的標準，出若干徒卒，若干田土，若干馬匹，若干車乘，其規畫何等嚴密，何等普遍。」（頁8）

到了頁 26，他長引《漢書》卷 23〈刑法志〉的內容，陳述井田制與軍賦的關係。這段文字一方面是眾所熟悉，二方面也很容易（在網路上）查索，縮引如下。「天下既定，戢臧干戈，教以文德，而猶立司馬之官，設六軍之眾，因井田而制軍賦。地方一里為井，井十為通，通十為成，成方十里；成十為終，終十為同，同方百里；同十為封，封十為畿，畿方千里。有稅有賦，稅以足食，賦以足兵。故四井為邑，四邑為丘。丘，十六井也，有戎馬一匹，牛三頭。四丘為甸。甸，六十四井也，有戎馬四匹，兵車一乘，牛十二頭，甲士三人，卒七十二人，干戈備具，是乘馬之法。一同百里，提封萬井，除山川沈斥，城池邑居，園囿術路，三千六百井，…此卿大夫采地之大者也，是謂百乘之家。一封三百一十六里，…是謂千乘之國。天子畿方千里，提封百萬井，…故稱萬乘之主。…」

上面這段文字，陳述井田制與國家軍隊組織、稅賦之間的關係，感覺相當嚴密條理，好像周代歷朝的天子與大小諸侯，都按照這個規定在組織國家。這段文字過度嚴密井然，讓人感覺這是出於後儒的理想組織。

2.徐中舒

徐中舒（1944）〈井田制度探原〉第 5 節「殷周田制與兵制」，談到井田與軍賦制時，基本也是引自《周禮》和《漢書・刑法志》，並無特殊的見解。「案：殷代田男兩服行井田制，八家為井，故其編組皆以四進（位）。其見於《周禮》及《司馬法》者如："四井為邑，四邑為丘，四丘為甸，四甸為縣，四縣為都。"（《周禮・小司徒》）…此井田出兵車法，皆以四進，因而井田制下所用之度量衡制，亦皆以四進。其屬於"度"者，如：…《王制》"古者周尺八尺為步"。其屬於"量"者，如："齊舊四量，豆，區，釜，鍾。四升曰豆，各自其四，以登于釜"。…（《左傳》昭公三年）其屬於衡者，如十六兩為一斤，今尚通行。」（頁 131-2）

「《司馬法》當為戰國時書。其以什伍改編井制，并出兵賦之法較《周禮》更詳。…《周禮・小司徒》云："乃經土地而井牧其田野；九夫為井，四井為邑，四邑為丘，四丘為甸，四甸為縣，四縣為都。"野本殷人所居，本是八家同井，而今則易為九夫。然尚未以什伍相編。至《考工記・匠人》則云："九夫為井，井間廣四尺深四尺謂之溝；…"《周禮・小司徒》注引《司馬法》云："六尺為步，步百為畮，畮百為夫，夫三為屋，屋三為井，井十為通，…"」（頁 134）

這些都是耳熟能詳的說法，基本上是在「相抄」（你抄我，我抄你），以及「互注」（甲引乙來注丙，乙引丙來注甲），反覆循環，毫無新意。若這些事與"井"相關的事屬實，則敘述上應簡明俐落，何苦引來注去沒完沒了？

3.胡寄窗

胡寄窗（1981）〈關於井田制的若干問題的探討〉，頁 65-6
有相當長的篇幅說明傳説中的井田制，其社會編組和溝洫體系之間
互不相容，「矛盾的」，「合不起來」，「其結果是日益無視其相
互間的矛盾而肯定其為井田制，並使這個矛盾特多的井田派生模式
較孟軻的原始模式更為人們所稱頌。」

「可是，《周禮》所謂的井田從一"夫"起無不和它的各種社會
組織、溝洫系統等等相互矛盾，有的矛盾甚至是極為荒謬的。…但
是，人們爭論不休的這些矛盾都不在《周禮》土地制度本身，而是
來自歷來爭論者的腦海之中。如果人們拋棄《周禮》田制是"井田"
的先入之見，前述許多矛盾也都不成其為矛盾了。例如，我們能勇
敢的把小司徒的丘甸劃分不再理解為井田，只把它看作是徵課軍賦
的單位，則所謂夫、井、邑、甸等不過是擔負和保養馬匹車乘的組
織。它們完全可能同土地分配，溝洫系統、社會編制等等分別作不
同形式的處理，各按其具體條件規劃，不必強為湊合什麼井田模
式。這樣一來，尚何矛盾之足云。《周禮》的創造者不可能不是具
有相當行政知識和才能的人，何至于幼稚膚淺到連前述那些極顯明
的矛盾都不發現。唯一可能的結論是《周禮》的創作者根本就不曾
把井田制作為理想中土地制度。」

4.侯家駒

侯家駒（1979）〈"開阡陌"辨〉內，有一段話在解説「原來的
井田制度，實際上是和（商鞅）當時兵制相扞格。例如，按《司馬
法》，畝百為夫，夫三為屋，屋三為井；四井為邑，四邑為丘，四

丘為甸；四甸為縣，四縣為都，四都為同。但在兵制上，一方面是約七家共出一兵，已和井田制不相符合，再加軍中管理系統，是五人為伍，有伍長；二十五人為兩，有兩司馬；百人為卒，有卒長；五百人為旅，有旅帥；二千五百人為師，有師帥；一萬兩千五百人為軍，有軍將。由此看來，由田制所產生之行政組織，主要以四為單位；而兵制則以五或十為單位。是以，要想達到兵農合一之目的，就需要使田制與兵制一致。」（頁27）

如果這段話可信，它告訴我們一個重要的訊息：在商鞅變法之前，以井田制為主的田制，和以司馬法為主的兵制，在基本計算單位上是不相容的。也就是說，本節內所引述的諸多說法，一直要把井田制和軍隊組織結合在一起，其實這種做法是可疑的。商鞅面臨這個窘境時，要用什麼方法來「磨合」呢？侯家駒說：「商鞅雖然主張農戰，但是，其目的是"戰"，"農"只是手段而已，所以，他的改革，是要以田制來適應兵制，所以，在田制上有重大改革。」（頁27）商鞅的田制改革，在侯家駒的這篇文章中有詳細解說，這不是本節的主旨，從略。[②]

5.侯志義

侯志義（1989）《采邑考》頁196-9有不同的見解，他說：「"井"是由"夫"導致而來的計地單位。…何以稱為"井"？因九夫之田連成方塊，正好呈現"井"字形狀。這是古人早就說過了的，想來不會有更深奧的意義！由"井"又引申出"邑"、"丘"、"甸"、"縣"、"都"等等

[②] 對本節議題有興趣者，請參閱曹毓英(2005)《井田制研究》第6章〈井田制與賦稅制〉（頁122-46）的詳細分述。

計地單位。…"井"往往與軍賦相聯，于是又成為計徵軍賦的基點。…
而"井"則是計算土地、計徵軍賦的單位，與田制問題倒是不相干的。
因之，用"井田"以表述軍制則可，以之論證土地制度則是萬萬不可
以的。」金春峯(1993)《周官之成書及其反映的文化與時代新考》
頁 26 有類似的見解。

6.吳存浩

吳存浩（1996）《中國農業史》頁 208-9 說：「但是，在新的
形勢下，井田也有新的更大的發展，發展之一便是變成了一種計量
單位。在土地分封制中，井田是諸侯、卿、大夫、士等人的所得"封
疆土"面積大小的計量單位。…"井"既是作為土地分封制下的最基本
計量單位，而且也是土地分封制下賦稅徵收的基本依據，即為《周
禮·地官·小司徒》所說："乃經土地而井牧其田野，…以任地事
而令貢賦。"…正確的解釋是，"九夫為井"、"十夫共井"說僅是封地
內所包括人口和耕地的一種粗略估計，是商周時代賦稅徵收的依
據。…因此，九夫、十夫共井說也并非用于土地的分配，而是根據
耕地在"方里而井"中的多少而相應確定賦稅對象"夫"的多少。這就
是說，九夫、十夫共井說皆不是田畝制度，而是賦稅征收的依據。」

7
公社說與奴隸說

　　本章探討兩個與井田說較間接的題材：公社說與奴隸說。這兩個題材是用來說明井田制實施時的社會背景，是大陸受馬列主義史學觀影響之後才凸顯出來的議題；這是五四時期胡適等人辯論井田制存在與否時，所沒有觸及的面向。這兩個議題對沒有受到馬列史觀影響的台灣學界，是比較陌生的概念，也感受不到加添這兩個概念之後，對井田制的爭辯會產生有意義的洞識，因此本章以大陸學界的觀點為主。第 2 節的奴隸說引用何炳棣的論文，大力反駁商周社會奴隸制說，此文可代表台灣學界對這個議題的觀感。胡寄窗以 6 點力駁井田制與奴隸說之間的關係，言之成理。

一、公社說

1.徐中舒

　　徐中舒（1955）〈試論周代田制及其社會性質：並批判胡適井田辨觀點和方法的錯誤〉對公社的形成背景有簡明的解說。他認為古中國的農業是從兩個中心區發展起來的：一是仰韶文化區，一是龍山文化區（詳見本書第 3 章第 1 節內第 2 小節的說明）。在這東西兩高地區中間，有低下的沼澤地區，這就是古中國最肥沃的沖積平原地帶。在這個低下的地區開展農業，必須先作極為艱鉅的排水工程，完工之後還要管理修治。「若在新石器時代末期，也只有在公社組織之下，用集體的力量，才有條件進行這樣駭人聽聞的事。」（頁 53）

　　「繼此農業在低地相繼開展，方圍變為農田，這就是豆腐干塊井田的基礎。…農業公社在低地建立起來了。…原始公社最後階段農業公社的基本組織是邑和丘。」而「四井為邑，四邑為丘，四丘為甸。」（頁 55）「邑和丘為農業公社的基本結構。邑在春秋時還是一個很小的單位。…邑為公社的基本結構。」（頁 56）

　　「周人軍事統治伸入了廣大的佔領區之後，統治者和他的部族…稱為國人。他們所統治的對象是村公社的共同體，…他們居在廣大的農村公社裡，稱為野人。…公社成員，一方面有自己的份地，一方面還要以什一的剩餘勞動在村公社的公地上耕種。」（頁 68）

　　戰國時期由於戰爭頻繁，「所有的武士很快地就脫離了公社而上升為有產者。…但以公有制為基礎的村公社，也還沒有完全崩潰，授田制還依然存在。…就是到了西漢初年，村公社也還沒完全

絕迹。…戰國時代商鞅所制的爰田,就是"自爰其田"的基礎上,由公有制開始轉變為私有制,於是,每個公社成員,都成為有產者,他們一個一個的脫離了公社。於是,古中國的村公社,家族公社,就開始走向總崩潰的途徑上來了。」(頁77)[1]

2.胡寄窗

　　胡寄窗(1981)〈關於井田制的若干問題的探討〉(頁64-5)對公社與井田的關係,有與眾不同的見解,這也是我較同意的說法。「解放後有不少學者從馬克思主義學習到古代農村公社的概念,又對傳統的井田制傳說不忍割愛,於是西周及以前的土地制度成了二者的混合物。它既被說成是農村公社或村社制度,又被看作是井田制,似乎二者成了同一事物的中西不同的稱謂,到目前亦復如此。其實,這兩個概念是絕不能等同的。村社的根本特徵是土地為村社公有,耕地由村社均等的分配和再分配給成員家庭使用;…村社各家耕地既可能構成方形,也可以不成方形,更不必構成井字形;因而各農民的戶數也可能有多有少,不一定非以"八家"、"九家"為基數不可;僅此二點就無法稱為井田。…我認為班固在(《漢書》)〈食貨志〉中所記"三歲更耕之,自爰其處"一段,可以說是十分典型的村社土地制度。把西周地制看作東方專制下的村社制,可謂非常適當的馬克思主義分析。但是,完全沒有必要再給披上一套七拼八湊的舊井田袈裟,把它變成四不像。」

---

[1] 朱家楨在馬曜、繆鸞和(2001)《西雙版納份地制與西周井田制比較研究》的「再版序」頁25-30,對農村公社與封建制的關係有詳盡解說,值得參閱。

3.楊寬

　　楊寬（1999）《西周史》第2篇第1章的主題是〈井田制的生產方式和村社組織〉，其中有兩節談村社與井田的關係：(1)第1節〈論井田制是古代村社的土地制度〉（頁178-81），(2)第4節〈論井田制基礎上的古代村社組織〉（頁187-94）他的主要論點是：「我認為井田制確是古代村社的土地制度。…因為我國古代歷史上，確實存在過這種整齊劃分田地而有一定畝積的制度，也確實存在過按家平均分配份地的制度。…井田制度是古代村社制的土地制度，是很明顯的份地，是按勞動力平均分配的，有按一定年齡的還受制度。井田制度正是如此。」（頁178-80）

4.徐喜辰

　　徐喜辰（1982）《井田制度研究》書內的公社說，基本見解和徐中舒類似，把公社的所有制和井田制度明顯地劃上等號。他相當遵循馬列學說，可說是要以中國史料來見證馬列學說的普遍適用性。他稍嫌過度地強調公社的重要性，而缺乏對公社體系運作機制的說明，他的寫作方式讓讀者有「認定」大於「證明」的感覺。在方法上，他很少確切解說井田制的性質、起源、社會與經濟意義，而是反覆地認定井田就是公社的所有制。這種手法對理解井田制的本質助益不大。

　　徐喜辰（1982）第2章的標題是：「井田制就是古代公社所有制。」內分2節：(1)中國國家的形成與古代公社及其所有制的殘留（頁24-32），(2)公社所有制的殘存在少數民族史和世界歷史中的範例（頁32-41）。我跟不上他書內的推理過程，只能抄錄兩項主要結論。

(1)「存在於我國古代社會裡的井田制度當是原始社會解體後殘存於商周奴隸社會中的一種公社所有制。…這種公社所有制即井田制是一種從公有制到私有制的"中間階段"的公社所有制。」（頁32）

(2)「總括以上的分析，我認為存在於我國古代社會中的井田制度，不能簡單地把它看作是"對諸侯和百官來說是作為俸祿的等級單位，對直接耕種者來說是作為課驗勤惰的計算單位。"（引自郭沫若《奴隸制時》頁16）而應當把井田制度看作是一種古代公社所有制。…也就是說，只有運用歷史唯物主義的觀點方法來研究井田制度，才能科學地解釋、科學地論斷井田制度的性質及其發生、發展和衰亡的過程，並且給予真確的結論。」（頁40-1）

話說得很漂亮，可惜我不理解這兩段話的具體意思，以及由此引申出的新見解；反而感覺他一直在同一句話上空轉，沒有增進我對井田制度的理解。

5.李朝遠

李朝遠（1997）《西周土地關係論》的基礎，是他的華東師範博士論文（1990年），內分5章316頁。寫得相當有論點，即使不能同意他的見解，也必須承認他自成一說。其中與井田制相關的是第4章〈等級土地所有制的內在構成：農村公社與井田制〉，其中第2節專論井田制：「井田、井田制及其各種關係」（頁221-73，共53頁）。在以西周井田制為主題的研究中，這是對公社與井田制關係較有特色的論述。

從學派上來說，他是堅定的馬克思主義史學者：「中國古代史的分期和封建土地所有制的形式，是馬克思主義史學領域中兩個十分重要的研究課題。…馬克思關於所有制的理論，是土地所有制關

係史研究的指導思想。」（〈導論〉頁 1-2）「本（第 4）章試圖遵照馬克思有關農村公社理論的原本論述，對農村公社和井田進行質的研究，同時，力圖從考古發掘資料中，披沙瀝金，對農村公社和井田作初步的量的分析，以期能對西周時期的農村公社和井田制有一個較符原形的描述，有一個較為確當的解釋。」（頁 177）

分 6 點引述馬克思對農村公社的理論（頁 178-80）之後，李朝遠解說西周社會的基層組織是公社：「西周存在著公社一類的共同體組織，對此，學術界中已無人提出異議。公社的名稱，在文獻和金文中一般稱為"里"和"邑"。…也有稱為"單"、"家"的。」（頁 181）而井田「是農村公社最核心的構成。正是井田上所體現的生產關係和耕作方式，決定了農村公社的特點、面貌和命運。」（頁 208）

他對井田與井田制有一套較特別的見解。「井田和井田制本身並不是一種社會的制度。…井田和井田制是歷史長時期自然發展的結果；井田和井田制不是一種土地制度。…它本身並不是一種土地所有制形成，也不是土地的耕作形式。西周社會的土地所有制和土地的耕作制以及人與人之間的關係並不以井田的存在與否作為自己存在的根據；井田和井田制也不是一種社會組織制度，儘管井田和井田制常常和農村公社聯繫在一起。但井田和井田制並不就等於農村公社。農村公社是一個比井田加寬泛的實體。井田是農村公社的土地利用形式之一，是農村公社的重要構成之一，但它不是唯一的形式和唯一的構成。農村公社所具有的社會組織、行政組織和軍事組織的職能，以及公社在空間中所包含的房址、墓地、手工業作坊更不是井田和井田制所能涵括得了的。」（頁 222）

這麼說來，井田是什麼呢？「井田是自然劃分和人為劃分成"井"字形的耕地。在不同的社會形態中，井田上的土地所有制關係亦呈現出不同的形式。…隨著夏商奴隸主貴族土地所有制的形成和以國王為代表的奴隸主貴族土地所有權的確立，農村公社對井田的所有權在事實上被加以剝奪，井田成為"普通奴隸"—公社社員集體勞動的場地，成為奴隸主剝削公社成員的剩餘勞動乃至必要勞動的生產資料和勞動對象。」（頁223）

「與自然形狀的井田不同，井田制是土地經濟的組合，其核心內容和本質特徵在於公田和私田的劃分，特別是領主公田和家庭私田的劃分。不論土地的自然形狀是不是 "井"字形劃分，只要具備了公田與私田的劃分這個核心內容和本質特徵，在寬泛的意義上都可稱為"井田制"。在這裡，"井田制"已成為一個有特定內涵的專有名詞。」（頁225）

「井田制上公田和私田時間上的分配結構，使西周的農業生產出兩大特點。第一，井田制的農業生產不是集約化的生產。…第二，西周時的農業經濟不是一種自然經濟。所謂自然經濟是指為了滿足本經濟單位或生產者個人需要而生產、其產品不是為了交換的經濟。」（頁237）「井田制上各家庭分有私田若干，作為個體家庭經濟的物質基礎和收入來源。…西周井田制上，土地的分授就成為經濟活動中必不可缺少的節和程序，只不過，西周時的土地分授工作已不再由公社來進行了。」（頁257）「西周井田制存在著土地的分授，但這種分授是不是定期進行？西周史料無載，春秋戰國秦代史籍亦缺載。」（頁258）

李朝遠對公社與井田關係的其他見解，在他書內第 4 章第 2 節還有很大篇幅的討論，以上的摘述已足夠讓我們知道，李朝遠對公社與井田基本關係的認知。

6.佐竹靖彥

佐竹在兩篇文章中，附帶地提到公社和井田制的關係：(1)〈日本學術界井田制研究狀況〉（1999）；(2)〈從農道體系看井田制〉（1999a）。我們先看他認為「日本從文獻角度就井田制問題所進行的研究有如下幾點可取之處。」其中的第二點說，日本學界「提出了井田制是在"邑制、田制、兵制、稅制、學制等不可分"的"原始公社的居住關係"之中建立起來的制度，因此，只單純地通過保障農民平等的耕地分配這一簡單的理解，是不能認識井田制的本質的觀點。」（1999：250-1）

「然而，從宏觀意義上來說，在商鞅變法之前，應該存在著與商鞅之制具有共同性質的有一定"常制"的"原始公社的居住關係"，筆者認為將之稱為井田制較為合適。」（1999:248）

「井田制本身由公田和私田構成。雖然公田是由共同勞動來經營的，但私田卻基本上不由共同勞動來經營。耕作私田的，就是此原始意義上的個體農民。這樣，我們應該離開傳統的原始公社的概念，實事求是地探討使個體小農民持有按一定比例劃分的土地，並保證其正常進行耕作的農業方式。」（1999：242）

「個體農民雖然以農耕公社的成員的資格接受份地，可是這個公社成立的基礎是個體農民建設和維持農道體系的共同勞動。井田制決定個體農民份地形狀的最重要因素是農道，換句話說，個體農

民的份地的形狀是由農道體系的形態決定的。…按一般的理論，井田制的基礎是公社組織的社會關係，商鞅破壞了這種公社組織的社會關係，建立追求效率的、現實主義的、法律萬能的體制。」(1999a：129) ②

二、奴隸說

1. 瞿同祖

瞿同祖（1936）《中國封建社會》第5章第2節「奴隸」，對周代奴隸來源有簡潔的解說。他認為奴隸的來源有五種：(1)戰敗的俘虜，這樣的例子在文獻上很多，人數眾多。(2)兩國相盟常以子弟為質，為質者多半淪為奴隸。(3)以罪沒為奴隸：欒、郤、胥、原、狐、續、慶、伯諸姓，都是晉國的貴族，後來降在皂隸之類。以上三種本身並不是奴隸，而是異族的自由民、犯了罪的貴族、或為人質者，都不是生而為奴者。(4)有一種人因為貧困而自請為奴，可以贖身恢復自由，是買賣性質的奴隸。(5)奴隸的子孫出生後成為主人的財產，世世為奴。

「只有沒有血緣關係的異族人，所謂戎蠻夷狄者，才可被俘為奴，…庶人雖賤，尚為同族人，所以不失其自由之身，…奴隸是異族人，所以無自由可言。…"決不是宗法社會裡頭本籍的族人，一定是客籍的奴隸。"…奴隸的用途極廣，貴族家中有供雜役的奴

---

② 李根蟠(1989)〈井田制及相關諸問題〉頁27-30對公社說有許多見解可以參考。

僕，…有操作於農田的農奴，所謂"隸農"，…官衙中也有不少的皂隸。…綜之，奴隸以異族人為主，是以身體直屬於主人的，…任意役使，和牛馬一樣。任意鞭打生殺，不問有罪或無罪。」（頁 237-40）

2. 徐中舒

徐中舒（1955）〈試論周代田制及其社會性質：並批判胡適井田辨觀點和方法的錯誤〉第 7 節「關於殷周社會性質」（頁 85-90），對上古奴隸制有簡要的說法。他說「中國專制政體，即具有無限權威的君主獨裁政治，它是家長制奴隸社會下的產物。」

「在原始公社制度上建立起來的階級社會，它是怎樣奴役這些被征服的公社成員呢？…"貢"是納貢，"助"是服役，"徹"是服一定限度的勞役。貢、助，是適應於奴隸社會的制度，"徹"是適應於封建社會的制度。"貢"是奴隸主對於奴隸的勒索。奴隸除了維持最低限度的生活外，他所有的一切都要貢獻與奴隸主。"助"是奴隸對於奴隸主的服役。奴隸除了維持他自己所需最低度的生活資料的生產以外，所有的剩餘勞動，都要為奴隸主所佔有。」（頁 86）

3. 郭沫若

郭沫若（1973）《奴隸制時代》第 1 章（頁 14-75），對井田與奴隸制之間的關係，有一些引起爭議的看法。「殷代是在用井田方式來從事農業生產的。…夏后氏雖然還不可知，殷、周都實行過井田，從種種資料上看來，是不成問題的。」（頁 20-1）這種說法和他在《中國古代社會研究》（1954）的見解完全不同。回頭看本書第 3 章第 1 節第 1 小節的內容，我們看到他說：「綜合以上的材料可得一斷案，便是周代自始至終並無所謂井田制的施行。」

在《奴隸制時代》頁 28-9 他說：「周代同樣施行著井田制。證據很多，…井田制的用意是怎樣呢？這並不是如像孟子所說的八家共井，…那完全是孟子的烏托邦式的理想化。…故井田制是有兩層用意的：對諸侯和百官來說是作為俸祿的等級單位，對直接耕種者來說是作為課驗勤惰的計算單位。有了一定的畝積兩方面便都有了一定的標準。」

「井田耕作時規模是很宏大的，動輒就是兩千人（"千耦其耘"）或兩萬人（"十千維耦"）同時耕作。」（頁30）「奴隸制是怎樣走向崩潰的呢？據我看來，在井田制的崩潰中很容易找到它的關鍵。我們知道，井田只是公家的俸田，這是土地國有制的骨幹。公家把土地劃成方塊授予臣工，同時更分予些"說話的工具"（奴隸）為他們耕種。臣工們有了這樣的便宜，便盡量榨取奴隸們的剩餘勞力以開闢方田外的荒地。…在方田外所墾闢出的土地便是所謂私田。…私田卻真正是私有財產。…就這樣發展的過程當中，土地國有制遭受著削弱，諸侯和百官們逐漸豪富起來了。私田的畝積逐漸超過私田，…」（頁30-2）

「鐵的作為耕器而使用，出現在周室東遷前後。這一重大因素提高了農業的生產力，逐漸促進了井田制的崩潰，因而也就招致了奴隸制的崩潰。由於私家逐漸肥於公家，下層便逐級超尅上層。」（頁33）

「井田本身也會發生變化。…田最初是方塊塊，取其象形；後來便發展成有嚴整的溝洫畎澮系統的井田。在井田之外慢慢出現了私田，…耕種井田的是"眾人"、"庶人"。這種勞動者當是早已有之，不始於殷。在前他們是原始公社成員，但後來生產方式改變，眾人的性質也就起了變化了。據甲骨文記載，眾人替奴隸主耕田又打

仗，處在被奴役被剝削的地位，很難說是什麼"公社成員"。周代已不大用"眾人"一詞，但《曶鼎》仍用"眾"字稱呼奴隸，那他們在殷代的地位就可想而知了。…庶人耕種井田的方式是集體耕作，計口授田，定期分配。但這只限大奴隸主的土地，小奴隸主則不盡然。庶人肯定是耕作奴隸，…"人鬲"是通過戰爭俘虜來的奴隸，是無可爭議的。」（頁 236-7）

4.胡寄窗

胡寄窗（1981）〈關於井田制的若干問題的探討〉頁 66 注 38 有一段長文，分六點說明他為何反對「奴隸制與井田制」的說法。

(1)「這些井田如係國有的，井田勞動者又都是奴隸，這樣就根本不存在農業奴隸主階級。」

(2)「井田主如為一些擁有"十千維耦"的奴隸的大奴隸主，他們對奴隸勞動可以任意安排，而奴隸死病逃亡又甚頻繁，完全無必要使奴隸們按"八家"或"九夫"的實行井田勞動，自找麻煩。再說奴隸大多無家，一個奴隸耕地百畝也不可能。」

(3)「這些井田主如為小奴隸主，每人只擁有十個、八個奴隸，如何能組成井田，也無必要組成井田，何況十個、八個奴隸也種不了一井之地。」

(4)「不論大的或小的奴隸主，按照恩格斯的指示，奴隸制下的土地應是私有財產（見《家庭、私有制和國家的起源》，頁 113）。奴隸主私有土地既和"溥天之下，莫非王土"及"田里不鬻"的傳統思想矛盾，也和廢井田後的土地才可"民得買賣"的說法不配合，總之

是同商鞅廢井田前後的一切文獻記載相抵（牴）觸。此所以有人竟無視經典指出硬說奴隸制下是土地國有制。」

(5)「倘將井田肯定為屬於領主，領地是可以由國王隨時收回的，故國家要開阡陌改井田為縣制，其問題並不算大。如井田係歸奴隸主私人所有，一旦國家要全部予以沒收，豈無阻力。既曰奴隸制則政權必然掌握在奴隸主階級手中，如此誰來下此廢井田即沒收奴隸主私有土地的命令呢？即使能下此命令，實行絕非易事，何能像商鞅那樣能在一年中輕易實現其計劃。」

(6)「廢井田以後土地究歸什麼人所有？倘係歸原耕田的奴隸所有，哪有如此慷慨奴隸主階級，也沒有這樣輕鬆的革命變革。如仍歸原奴隸主所有，只是將奴隸主與奴隸的名稱變為封建地主與封建農民，不論採勞役制或採實物制，均和奴隸勞動是絕對不相容的。因為奴隸既不交納實物，也無所謂負擔勞役。至於把井田設想下的"私田"也說成是公田，更是很牽強的，也和奴隸制下土地概念不配合。」[3]

5.何炳棣

何炳棣（1995）〈商周奴隸社會說糾謬〉，對奴隸說提出反論：「佔商代人口極大多數的"眾"和佔周代人日極大多數的"庶人"都是享有家室的平民，都不是奴隸；即使周代被認為"卑賤"的"皁、隸、圉、牧"也各有家室，都是下級的職事人員，不是奴隸。在商代只有被擄的"羌"和其他異族人是奴隸；在周代只有"罪隸"和異族戰俘

---

[3] 趙儷生(1980)〈有關井田制的一些辨析〉頁85、趙儷生(1982)〈從亞細亞生產方式看中國古史上的井田制度〉頁114，論證庶人不是奴隸而是平民。

是奴隸。真正的奴隸在人口中既微不足道而且很少從事生產，商周社會決無法被認為是奴隸社會。（本文的）附錄扼要指出何以商周奴隸社會說的指導理論（馬克思的"亞細亞生產方式說"）幾乎完全沒有史實根據，所以不能成立。」（頁78「摘要」）

「檢討商代是否屬於奴隸社會階級，首先必須肯定"眾"和"眾人"（事實上二詞同義）的身份。…眾具有以下的功能和特徵：(1)眾是主要的農業生產者，既在王田工作，也在非王室貴族和官員的田地工作。(2)眾參加商王的田獵。(3)眾在戰時被徵充兵士，並不時被徵充邊防守衛工作。(4)商王對眾的生活有相當的關切，尤其對戰爭中"喪眾"的問題很關切。(5)卜辭中從未見過眾曾被商王或貴族用作人牲的例子。從以上的功能和特徵看，眾不是奴隸而是商殷部族成員。」（頁82）

在兩周時期，「庶人或庶民無疑是佔兩周人口最大百分比的主要生產者。庶人所包至廣，其上限並不固定。由於大宗、小宗、嫡庶之分和身分承繼的不同，各貴族階層裡的庶支、遠支幾百年中無可避免地逐步下降，最後掉出貴族網路。…庶人的另一貴族來源是卿大夫氏族之間鬥爭的失敗者。…庶人中最高的階層是"國人"。…終春秋之世，國人在各國政治鬥爭中往往居舉足輕重的地位。」（頁89）

「只是因為郭沫若的影響，至今尚有不少學人認為西周金文中賞賜庶人的記載是庶人奴隸身份的證據。…由於《大盂鼎》明言"人鬲自馭至于庶人"，郭說，"可見庶人是人鬲中的最下等"並沒有錯，但是此說實際的意思（庶人是最下等的奴隸）是根本反邏輯的。因為整個說法的出發點（人鬲是奴隸）已被周初信實文獻證明是錯

的；雖然詞原和理論上人鬲是戰俘。可見把被賞賜的庶人釋為奴隸是不能成立的。」（頁90-1）

黃中業（1984）〈春秋時期的「隸皁牧圉」屬於平民階層說〉（《齊魯學刊》第2期頁69-75），「對皁、隸、輿、僚、僕、舌、圉、牧等個別等次的稱謂、職任、身份一一分別詳細核對，證明這些都是周王室和列國政府底層的種種色色的職事人員，都是屬於平民階級，都不是奴隸。…只有"五隸"：罪隸、蠻隸、閩隸、夷隸、貉隸以及奚隸等等才是"因罪沒入官府，或是戰爭中的俘虜，是沒有人身自由的奴隸。"（頁93）何炳棣的結論是：「商周社會決不是奴隸社會，中國漫長的歷史中也從未曾有過奴隸社會的階級。」（頁94）[4]

6 陳瑞庚

陳瑞庚（1974）《井田問題重探》第6章〈從西周的戰俘、奴隸看井田問題〉（頁89-106），有相反的見解。他認為「西周時代的征戰，產生了大量的戰俘，這些戰俘淪為奴隸，奴隸從事生產工作的情形反映出井田制度的不可能存在。」（頁89）。他在頁89-93舉出許多文字證據，「反映出周代征戰頻仍的情形。」（頁93）

分析許多證據之後他得到的結論是：「所以西周時代貴族大量使用奴隸從事生產行為已廣為近年學者所公認。…那麼，西周時代使用奴隸從事耕作，應該也是理所當然的事。首先我們應該注意到

[4] 曹毓英(2005)《井田制研究》第8章（尤其是第1節頁167-76）有不錯的看法，可參閱。朱家楨在馬曜、繆鸞和(2001)《西雙版納份地制與西周井田制比較研究》的「再版序」頁17-25，對中國的奴隸制問有類似的見解，論點詳細明確，值得參照。

西周時代賞賜土田，往往同時也賞賜了人力。」（頁 101）他引用
李亞農的意見：「這將近兩千奴隸是跟隨疆土同時賞賜的，難道不
十分明白嗎？這些奴隸是耕田種地的，他們是農業生產的直接擔當
者。」「綜合這些資料，我們可以確定西周時代使用奴隸耕作是相
當普遍的現象。」（頁 101）

經過四點分析後，「我們可以相信西周立國時的總人口是不會
太多的。…往往是龐大的人口在廣大的田地裡集體耕種。更可注意
的是《詩經》所顯示的農民，似乎是依附寄食於田主的。…所以就
古史看來，西周使用奴隸耕作，也並不是很特別的事情。…」（頁
104-5）⑤

---

⑤ 李根蟠(1989)〈井田制及相關諸問題〉頁 30-2 對奴隸說有許多見解可以參考。

8

商鞅與壞井田

在傳統（主流）的見解裡，商鞅「開阡陌，壞井田」，是破壞帶有優雅古意田制的罪人。本章分 4 節對比幾種相當不同的詮釋：有人認為井田的規模與運作方式，已不適合新時代的需求，所以商鞅是順應時代的新田制創造者；有人認為商鞅根本就沒井田可壞，因為所謂的井田制並不存在；有人考證、對比井田、阡陌、代田的面積差異，強調井田制確實存在過。這些南轅北轍的見解，若順著個別作者的思考邏輯，讀起來各自成理。但真相只能有一個，胡寄窗的見解（商鞅根本無井田可壞），最接近我的認知。

一、傳統的說法

　　我所謂的傳統說法，是指那些基本上接受《商君書》、《史記・商君列傳》、《漢書・食貨志》這些「正史」的見解：商鞅為了擴張秦國的勢力，積極推動農戰政策，其中的一項重要變革，就是破除原先的井田，把農地規劃成阡陌制。這種見解至今仍是主流，我選兩位具有代表性的學者，說明他們的論點。一位是早年以研究、校釋《商君書》聞名的陳啟天，他在 1934 年出版一本小冊子《商鞅評傳》（商務印書館人人文庫，135 頁），這是至今仍不能忽略的作品。另一位是著名的上古史學者楊寬，他在 1973 年出版一本小冊子《商鞅變法》（73 頁），在頁 35-9 介紹商鞅「破除奴隸制的經濟改革」。他在更廣為人知的《戰國史》（1997）內（頁 204-7），介紹商鞅的兩次變法。以下綜述他們對商鞅與井田的意見。

　　我們先看陳啟天的見解（《商鞅評傳》第 4 章第 3 節「田制的改革」，頁 72-80）。中國在戰國以前屬於封建時代，政治的統治權建基在土地的所有權上。名義上，政治統治權和土地所有權屬於國王，但實際上是天子與諸侯卿大夫分封而治。井田是封建制度下的土地制度，又是一種賦稅制度，但是「井田在封建時代也不是一種普遍的田制」（頁 75）。

　　到了春秋時代，封建的共主（東周王室）已不能命令諸侯，反而要依賴霸主來維持王室的體面。原來的封建制度因而動搖，以封建為基礎的井田制也隨著動搖，這是第一個根本的原因。到了戰國時代商工業興起，富人多取得貴族的土地，就不願維持原來專屬於貴族的井田制，這是第二個根本的原因。

　　秦孝公 12 年（西元前 350 年）實行郡縣制，同時廢井田開阡陌，這就把封建制度的經濟基礎推翻了。政治的統治權與土地的所有權從此分離：政治權集中於君主，土地權則分散於庶民。土地私有化之後可以自由買賣，農民成為地主之後，會更有意願投入生產，國家的收入也增加了（「使地皆為田，而田皆出稅」）。所以秦國的廢井田開阡陌，既是經濟上的大變革，也是政治上的大變動。

　　以上是從大結構變動的角度，來看井田制被破除和土地私有化興起的背景。現在來看楊寬在《戰國史》頁 206-7 較細節的說明。他說在公元前 350 年時，商鞅進行第二次變法，這是進一步在經濟上和政治上的改革。改革計有六個重點項目，首先就是廢除貴族的井田制，開阡陌封疆。楊寬引用《史記·商君列傳》的文字，說商鞅「為田開阡陌封疆而賦稅平」；又引《戰國策·秦策三》蔡澤的話，說商鞅「決裂阡陌，教民耕戰」。「決裂」的目的是為了廢除井田制；又引《漢書·食貨志》董仲舒的話，說商鞅「改帝王之制，除井田，民得買賣。」

　　「阡陌」是指每一畝田的小田界，「封疆」是指每一頃田（百畝）的大田界。「開阡陌封疆」就是廢除井田制，把原來「百步為畝」的阡陌，和每頃田的「封疆」破除，開拓為以長 240 步 × 寬 1 步為一大畝的新制，重新設置「阡陌」和「封疆」。商鞅採用 240 步的大畝制，分授給無田耕種的農民，依然實行「百畝給一夫」的授田制度。[1]

---

[1] 徐中舒（1955）〈試論周代田制及其社會性質：並批判胡適井田辨觀點和方法的錯誤〉頁 78，對阡陌有不同的解說，我認為他的說法較可靠。「一夫之田百畝，是有一步寬，二百四十步長的（說詳後）一百個並列的長畝。在這一百個長畝

　　其實早在春秋晚期，晉國六卿中的趙氏已廢除井田制，改用 240 步的大畝制。商鞅採用趙氏的做法，認為這較能適應社會生產力的發展。他在秦國一方面廢除井田，二方面擴大政府的授田制度，三方面實行自耕農的土地所有制，主要目的是要促進小農經濟的發展，增加國家的稅收。這就是《漢書·食貨志》所謂的「壞井田，開阡陌」，也就是後世所說的：商鞅「滅廬井而置阡陌」。

　　楊寬在 1973 年的小冊子頁 36-9 內，告訴我們這件事的歷史背景。井田內有灌溉的渠道和與渠道相應的縱橫道路：縱的道路是「阡」，橫的是「陌」，阡陌是用來把井田劃成方整塊的形狀。井田內有「阡陌」，外有「封疆」。他說封疆和阡陌「一方面是為了表示各級奴隸主貴族占有的一定範圍，為了維持奴隸制的等級秩序；另一方面是為了便於監督"庶人"的勞動，以保證"籍"的剝削辦法的執行。」我現在才知道，原本只是用來界定耕地邊界的封疆和阡陌，竟然還有這麼神奇的功用。

　　楊寬說從西周末年起，井田疆界以外的荒地逐漸開墾，新興地主階級大量開墾私田，所以就逐漸改用徵收田地稅的辦法，原來的"籍"就廢除了。田地租稅制度的建立，就標誌著井田制的崩潰，商鞅就是順應井田制崩潰的趨勢，進一步破除井田，轉為新的自耕農土地私有制（可買賣），賦稅也因而「平」。就社會的意義來說，

　　的周圍制定疆界，就稱為陌。十夫有一千個長畝，即十個陌，在十個陌的周圍制定疆界，就稱為阡。陌是一夫[百畝]的田界，阡是十夫[千畝]的田界。每個長畝東西行為東畝，南北行為南畝。畝東西行，阡陌也是東西行，畝南北行，阡陌也是南北行。…應劭《風俗通》云："南北曰阡，東西曰陌，河東以東西為阡，南北為陌；"（見《史記·秦本紀》索隱），這是不對的。村公社家族公社崩潰之後，後漢時代的應劭對於古代阡陌也就不認識了。」

國家破除井田，就是在法律上「宣告舊的奴隸制生產關係的廢除」，有助於新的經濟與農業生產的發展。[2]

二、胡寄窗的反論

井田制崩壞的問題，只有在位處西邊的秦國，才看得到第一節內所說的事情。如果井田制在封建制度下是個普遍存在的事實，為什麼中原地區以及山東諸國都沒有類似的文獻記載？秦國廢井田的說法，幾乎都是在漢代的著作中才看得到，很少（甚至沒有）在先秦的著作中看到廢井田的記載。胡寄窗（1981）〈關於井田制的若干問題的探討〉第 6 節「商鞅曾否廢井田」（頁 61-3），對商鞅廢井田之說提出反論。

他先舉《史記》內的幾項記載，說明商鞅只有「開」或「決裂」阡陌，都沒有涉及到井田的問題。(1)〈秦本紀〉內說：「并諸小鄉聚為大縣，縣一令，四十一縣，為田、開阡陌，東地渡洛。」(2)〈商君列傳〉內說：「而集小都鄉邑聚為縣，置令丞，凡三十一縣，為田、開阡陌封疆而賦稅平。」(3)〈六國表〉內說：「初取小邑為三十一縣令，為田、開阡陌。」(4)〈范睢、蔡澤列傳〉內說：「夫商鞅為孝公平權衡、正度量、調輕重，決裂阡陌以靜生民之業。」(5)《戰國策·秦策》內蔡澤對范睢說：「夫商鞅為孝公平權衡、正

度量、調輕重、決裂阡陌，教民耕戰，…」。從這五項引言看來，開阡陌或決裂阡陌是共通的關鍵詞，但都沒提到井田。

蔡澤與范睢皆為秦相，上面第(4)、(5)兩項的說法幾乎相同。這兩人的時代距商鞅開阡陌（約西元前 350 年）不到 1 百年，可靠性應該不低。再說，《商君書》內完全沒有井田的字眼；漢初賈誼在〈過秦論〉內多次指責商鞅，但也沒提到井田的事；《鹽鐵論・非鞅第七》內也沒提到井田。如果「壞井田」是商鞅的重大作為（或過錯），為何沒有人指責他這一點呢？

現存的文獻顯示，第一次提出商鞅壞井田之說的是董仲舒，在此之前沒有商鞅廢井田的記載。司馬遷撰寫《史記》時，離董仲舒上賢良對策已 30 多年，應該知道此策的內容，為何在《史記》內不提商鞅壞井田的事呢？《漢書・食貨志上》（頁 1137）記載董仲舒的說法：「至秦則不然，用商鞅之法，改帝王之制，除井田，民得賣買，富者田連阡陌，貧者亡立錐之地。」他雖然指責商鞅之過，但也只說「除井田」。

說商鞅廢井田的是東西漢之間新朝的王莽：「秦為無道，厚賦斂以自供奉，罷民力以極欲，壞聖制，廢井田，是以兼併起。」（《漢書・王莽傳中》頁 4110）到了東漢班固時，語氣就更嚴厲了：「及秦孝公用商鞅時，壞井田，開阡陌，急耕戰之賞，…」（《漢書・食貨志上》頁 1126）這段話就是後儒所熟悉的商鞅罪狀：壞井田、開阡陌。以上這些引文顯示，後儒對商鞅壞井田的認知，是從《漢書》之後才累積起來的。

以下轉談商鞅廢井田時期的客觀經濟環境。商鞅在西元前 356 年任左庶長時開始變法，6 年後（西元前 350 年，秦孝公 12 年）實施開阡陌。商鞅變法中與田制相關的主要措施有四項：(1)「令民為

什伍，而相牧司連坐」；(2)「民有二男以上不分異者，倍其賦」；
(3)「僇力本業，耕織致粟帛多者復其身」；(4)「事末利及怠而貧者，
舉以為收孥。」（《史記・商君列傳》頁 2230）以下分述為何如果
實行這四項措施，當時就不可能存在井田制。

　　(1)「令民為什伍」的社會編組，和「八家共井」、「九夫為井」
的井田制社會編組不符。再說，甲井、乙井、丙井的生產和生活並
不在一起，可能相距甚遠，如何能相互連保連坐？(2)「民有二男以
上不分異者」：在井田制下每個男子都按正夫授田百畝，怎麼會有
「二男以上不分異」呢？就算有二男合居，他們也是依授田的畝數
納稅，何必「倍其賦」？(3)「僇力本業致粟帛多者復其身」：八井
之家同耕公田，已經是納稅服徭役，如果努力工作者可以「復其身」
（免除徭役）的話，那麼日後的公田部分由誰來耕作呢？(4)「事末
利…而貧者…收為孥」：在井田制度下人人有百畝耕地，為何要去
事末利而貧，且有被收為孥的危險呢？

　　綜合上述四項來看，商鞅在當左庶長變法時（西元前 356 年），
當時的社會組織和井田制下的社會組織是互不相容的。反過來說，
也只有井田制不存在的情況下，商鞅才能推動上述四項變法。

　　現在來看另一件事。孟子周遊列國到大梁之前兩年，商鞅才被
「秦惠王車裂」，這麼重大的事情孟子不會不知道。如果廢井田者
的下場這麼慘，孟子為何到滕國時，還敢勸滕文公和畢戰實行「井
地」呢？為什麼滕文公和畢戰沒聽說過商鞅廢井田的事呢？甚至還
需要來請教孟子呢？孟子既然提倡井地，為什麼不指責商鞅廢井田
的罪過呢？原因恐怕就是商鞅變法時，根本就沒有井田制存在。

　　再提一個反證。商鞅為何要置縣、開阡陌？目的就是要以縣的
行政機構，來替代封建領主的領地或統治。為什麼要成立縣級的行

政單位？目的就是要取代原先的小鄉邑（即小居民點在廣大農村零星分布）。秦國地廣人稀，領主自然希望每戶的耕種面積愈大，才增收租稅。在地廣人稀的秦國（參見侯家駒 1979〈開阡陌辨〉頁 23 的證據），何必「一家百畝」呢？地廣人稀的情況下，有必要聚集八家或九家來耕作井田嗎？井田一夫百畝制，會比各自耕種大面積的私有制度，得到更高的產量嗎？朱熹在〈井田類說〉內也有類似的見解：「井田之制宜於民眾之時，地廣民稀，勿可為也。」

綜上所述，在商鞅變法時已無井田制存在；依秦國的人口與土地面積來看，井田制也沒有存在的道理。換句話說，商鞅根本沒有井田可廢。司馬遷在《史記》內從未說過商鞅廢井田，從《漢書·食貨志》起，商鞅才背負壞井田的罪名。以上是胡寄窗的論點，我覺得合情合理，相當同意。[3]

三、侯家駒為商鞅辯誣

侯家駒（1979）〈「開阡陌」辨〉頁 28-30，提供另個思考角度解釋開阡陌的意義，並替商鞅辯護後人對他的誤解，可備一說。

他對「開阡陌封疆」的綜合解釋（頁 28 下）如下。商鞅提倡小家庭制度，每家以一男子為主體。此外，為了適應兵制而改革田

---

[3] 高耘暉(1935)〈周代制度與井田〉頁 18-9 的意見與胡寄窗的論點接近。徐中舒（1955）〈試論周代田制及其社會性質：並批判胡適井田辨觀點和方法的錯誤〉頁 89 的說法也可參考。「授田制的崩潰，商鞅制爰田"任其所耕不限多少，"是起了決定性作用。漢人每稱商鞅破壞井田，這是不對的。授田制包括爰田井田兩種，秦國並無井田，商鞅所破壞的乃爰田而非井田，這是應當辨正的。」

制：軍中的管理系統是 5 人為伍，有伍長；25 人為兩，有兩司馬；百人為卒，有卒長；500 人為旅，有旅帥；2,500 人為師，有師帥；12,500 人為軍，有軍將。在這種兵制中，都是以 5 或 10 為單位，但由田制所產生的行政組織，主要是以 4 為單位：按司馬法，畝百為夫，夫 3 為屋，屋 3 為井；4 井為邑，4 邑為丘，4 丘為甸，4 甸為縣，4 縣為都，4 都為同。若要兵農合一，就須使田制與兵制一致化。（頁 27 上）

在舊制的井田下，每戶只分得百畝（小畝 = 100 步 × 1 步 = 100 平方步），不夠人口眾多的家庭生活。商鞅把每畝的面積拓大為 240 步 × 1 步（= 240 平方步），是舊畝的 2.4 倍大。「由於這非舊制百畝之任何倍數，所以，勢必剷除原來井田制下之界限—縱橫的田埂或界記，而另建新界限，就像現代的土地重劃。」（頁 28 下）所以侯家駒認為商鞅「除井田」是事實，「原來一井九個方格，當然不能再用，要決裂舊的阡陌封疆，建立新的界記。但這只是改變井田的型式；而並沒有改變 "歸授"的實質，…」（頁 29 上）

侯家駒的第二個論點，是在當時的經濟條件下，商鞅不可能容許田地自由買賣。理由是在商鞅變法之前秦國地廣人稀，所以要下墾草令，秦國也用賜爵、赦罪的方式，誘導人民去新佔領區耕作。可見土地過剩，何需買賣？這是外在的客觀環境條件。再從商鞅的治國理念來看，也不容許田地自由買賣，有下列四項理由。

(1)商鞅採農戰政策，《商君書・去彊》內說要「按兵而農」、〈算地〉篇內說：「入使民屬於農，出使民壹於戰。」基本的原理就是要「計地授民」，便於軍事管理，也便於兵數統計。若容許土地兼併，則兵數與田畝數之間就不會有固定比例，兵數也就不易掌控。(2)既以農戰為國家的指導原則，商鞅自然不希望見到貧富不

均，讓富者田連阡陌，貧者無立錐之地，土地自由買賣對農戰是不
利的。(3)若土地可以兼併，則地少者必須幫地多者耕作，但商鞅在
墾令內禁止為人傭工（「無得取庸」）。況且秦國地廣人稀，兼併
土地也不易致富。(4)再說，商鞅並沒有取消田地的歸授制度，怎麼
會有自由買賣的事？若要增加土地，必須靠戰功：「能得甲首一者，
賞爵一級，益田一頃，益宅九畝。」（《商君書‧境內》）。

綜上所述，侯家駒認為商鞅為了使兵農制合一，所以破除井田
舊制，改行大畝制，等於是做了土地重劃。他附帶地論證出，井田
制在商鞅之前是存在的。第二個論點，是反駁後儒認為商鞅准許田
地自由買賣，他認為這和當時的經濟條件不合，也和當時的農戰政
策不合。簡言之，侯家駒同意商鞅做過「除井田」或「壞井田」這
件事，目的是要配合農戰的基本國策。[4]

四、佐竹靖彥的農道體系統

日本學界對井田制的研究，以及對商鞅田制變革的研究成果，
可以透過佐竹靖彥的好幾項作品得到一些理解。1987-99 年間，東
京都立大學的佐竹教授發表 10 篇與井田相關的文章（詳見《古今
論衡》1999 年第 3 期頁 146）。他把這些研究的成果，摘述在兩篇

[4] 除了侯家駒（1979）〈「開阡陌」辨〉，李解民（1981）〈「開阡陌」辨正〉有許多
論點與佐證也可以參考。這兩位作者對朱熹的〈開阡陌辨〉，以及許多跟隨朱熹
論點的說法，都提出有力的反駁，也因而改變了對商鞅的評價。有一篇日文的
開阡陌研究，今日重讀仍然甚有深度與份量：木村正雄（1943）〈阡陌について〉
（72 頁）。

中文著作內：(1)〈日本學術界井田制研究狀況〉，(2)〈從農道體系看井田制〉。基本上他是井田制存在論者：「筆者明確地認為井田制確實存在。」（佐竹 1999:240）他的研究牽涉到許多主題，其中與本章相關的議題，是他要從陝西平原的地圖與空照圖，來研究中國古代地割（land division）的形態，說明井田地割、阡陌地割、代田地割之間的對應關係；同時也對商鞅田制的形式問題與阡陌制度，作了深入的新穎分析。

佐竹的主要論點是：(1)最具典型意義的井田制，應該存在於陝西平原一帶。(2)井田制正是使周王朝處於優勢地位的重要社會、國家基礎。(3)商鞅變法時，秦國的領域也是在陝西平原地區，商鞅的田制應該建立在同樣位於陝西平原的周王朝基礎上。(4)上述三點不但能說明井田制的地點，還可以讓我們認識到，井田制本身包含著說明為何商鞅的新田制得以成立。這四項論點，換句話說，是認為周王朝的社會、經濟力量、以及因之而建立的政治力量，建築在陝西平原廣泛實施的井田制度上。商鞅以這種井田制為基礎，加以改編，建立起極具效率的新體制（佐竹 1999：240-1）。這是四項重大的宣稱，和本章前兩節的論點明顯對立。

佐竹認為井田制的最基本因素，是有規格的農道和有規格的田地之結合。他認為自己在研究井田方法上有兩個新穎處：(1)引入日本歷史地理學中的「地割」（land division）概念；(2)他所創導的「農道體系」概念，這是 land division 的下層概念，重視農道所能發揮的機能（佐竹 1999a:127-8）。

就商鞅的田制變革來說，佐竹認為商鞅新法的現實性，是以當時秦國的農業生產力為基礎，提出能夠保證更高度發展的方案。此外，這個新田制的理念，還需要與舊田制的理念不互相矛盾。新法

不但要保證在現實中獲得比以前高十倍、百倍的利益（！），在理念上也必須「法古」、「循理」（佐竹 1999a：130-1）。他經過一番計算，得出一項結論：「商鞅田制的百畝等於周制三百畝。」「商鞅田制是根據井田的田制稍微改造而成的，並非全面否定井田制。」（頁 132）也就是說，他不認為商鞅有「壞井田」的作為。

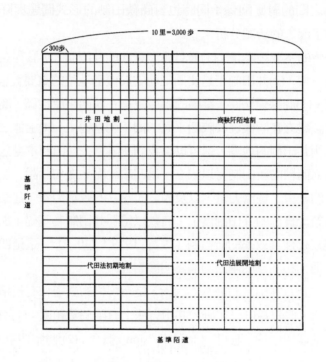

圖 2 各種地割的形式關係

資料來源：佐竹靖彦（1998）〈中國古代地割の形態的研究：井田地割、阡陌地割、代田地割〉，頁 171。

　　經過複雜的繪圖解說，佐竹認為商鞅田制的農道體系，和井田法的農道體系（見圖 2）沒有根本的矛盾（頁 132）。從農道體系的觀點來看，商鞅田制和傳統井田制惟一不同的地方，在於商鞅採用阡陌制。簡單地說，阡陌是每百步一「陌」，每三百步一「阡」。井田法只有「道」，到了商鞅田制時才出現「阡道」與「陌道」這兩名稱。（頁 133）商鞅是在進行大規模田地改造的同時，構築了作為農道的阡陌制。這個由新農道體系而建立的阡陌系統，與既存的井田農道體系之間，有一定的共通性。而且也可以推測商鞅的新農道系統，正是依靠已有的井田農道系統為基礎，而發展起來的。（頁 136）

　　針對這一點，李零（1998:168）有個相反的論點：「事實上，根據出土郝家坪秦牘《為田律》和銀雀山漢簡《吳問》，我們已經弄清，從晉、秦等國發展而來的晚期田制（即 240 步的大畝和阡陌制度），其界畔系統實際上是從非井田而不是從井田發展而來，因此可以估計是以推廣非井田而代替井田作為基礎。」

　　佐竹對井田制還有一項引人注目的結論。他認為井田制是為了適應略具傾斜型黃土高原地形，而建立起來的合理農業體系。他認為這和個體小農經濟農業生產力的發展，並無原則上的聯繫。井田制雖然隨著個體小農經濟生產力的發展，出現了商鞅新田制，也出現了從漢武帝到昭帝時期實行的代田法等變化，但其基本內容卻依然繼續存在著。「而且，筆者甚至認為事實上在陝西平原上直到現代，這種意義上的井田制依然存在著。」（佐竹 1999:252）

　　我認為他的方法有「時空錯置」之嫌：他用 20 世紀 30 年代人口已經稠密時期的地圖與農地空照圖，去逆推西元前 3、4 世紀時

期的井田與阡陌農道體系。他的研究得出一個井井相接、阡陌相鄰的密集農道體系（見圖2），這是在地少人稠壓力下才會發生的狀況；而西元前3、4世紀時期的秦國，基本上是地廣人稀（參見侯家駒1979〈「開阡陌」辨〉頁23的析述），商鞅尚且要下「墾令」、「算地」、「徠民」，怎麼會有井井相接的情形？

錢穆（1932）〈《周官》著作時代考〉的觀點，應該較符合當時的狀況：「此等邑、里、鄉、社，亦復各有封疆，各自分散，不必東阡西陌，緊相湊簇。正如一盤棋子，初下時，東一子、西一子，並不怎樣地鬬湊。」（頁436）錢穆在同篇文章的頁444也說：「其後秦人招來三晉移民，為秦墾荒，可見秦國人口增殖，直至商鞅以後亦尚未到衝破格子線之機緣。」

李零（1998頁169-83）〈論秦田阡陌制度的復原及其形成線索：郝家坪秦牘《為田律》研究述評〉，所持的觀點與佐竹大不相同。《為田律》記錄秦田阡陌制度的基本情況，雖然各家的見解不一，但有一點和佐竹的解說相反：秦田阡陌制並不完全是商鞅本人的創造，主要是來源於三晉，從產生到形成有一個發展的過程。商鞅在秦國制定和推行的整個法律制度，有許多是源自三晉。這一看法可以從商鞅自魏入秦傳李悝《法經》得到印證。（李零1998:181-2）

最後再來看圖2。佐竹用此圖告訴我們兩件事情。第一：井田、阡陌、代田法初期（漢武帝至昭帝）、「代田法展開期」這四種田制的明確面積，以及它們之間的換算比例。這四種田制各自相隔數百年，在獨立發展的情況下，竟然在面積上可以明確互換！第二：右上方的商鞅阡陌地割圖，是一個由5×15方格所組成的，而左下

方的代田法初期地割，也是由 5 × 15 的方格組成，井田制與代田法初期間隔數百年，竟然是同寬同高等面積，實在巧合。

這當然只是個示意圖，但左上方的井田地割，會引導讀者以為井田內的甲井、乙井、丙井之間是相互接連的。前面引述錢穆的話告訴我們，這在商鞅時期的秦國不會發生，在商鞅之前的中國也不太有可能。佐竹的復元圖，漂亮得難以置信（too good to be true）。

9

復井田論與井田不可復論

　　復井田論者的基本用意是在均貧富。就算井田制真的存在過，但自商鞅變法之後已無井田制可言，然而後儒中持復井田論者並不在少數。本章第 1 節列舉幾項代表性的言論，第 2 節陳述幾位反對復井田論者的說法。梁啟超在 1899 年寫過一篇〈讀《孟子》界說〉（《飲冰室文集》卷 3），其中的「界說八：孟子言井田，為大同之綱領」（頁 19），短短 3 行道出復井田論與井田不可復論的基本要義：「井田為孔子特立之制，所以均貧富。《論語》所謂不患寡而患不均，井田者均之至也，平等之極則也。西國近頗倡貧富均財之說，惜未得其道耳。井田不可行於後世無待言，迂儒斤斤思復之者妄也。法先王者法其意，井田之意，真治天下第一義矣。故《孟子》一切經濟，皆從此出，深知其意，可語於道。」清初大儒王夫之在〈問思錄內篇〉也說：「謂井田…之可行者，不知道；謂其不可行者，不知德也。勇於德則道凝，勇於道則道為天下病矣。」

若以本章所選取的樣本來看，是否可以判斷主張復井論者人數
較多，或是反對井田可復論者較多？不容易判斷的原因，是因為反
對論者通常覺得既不可行，就沒什麼好說的；而肯定論者，因為憂
心地權分配不公的問題，屢藉井田之說來倡議平均地權，所以發言
較踴躍，人數看起也較多，造成歷代不絕的印象。其實井田不可復
是一目了然的事，持此論者必多，但較少躍然紙上。

一、復井田論

1. 仲長統

東漢政衰之時，曾在曹操幕府的仲長統（179-220）認為：「井
田之變，豪人貨殖，館舍布於州郡，田畝連於方國。…今欲張太平
之紀綱，立聖代之基址，齊民財之豐寡，正風俗之奢儉，非井田莫
由也。…」（《後漢書·仲長統傳》）

他的基本見解，是自從井田制被破壞後，土地兼併造成貧富對
立和社會矛盾，所以必須恢復井田制。雖然有這種主張，但並未提
出復井田的方案。他對當時的問題提出兩項辦法：(1)「限以大家」，
規定每戶畝數的最高限度（限夫田以斷兼併），希望成立每戶占百
畝的土地小私有制。(2)「有草」的生熟荒地收歸國有，依勞動力（「力
堪農事」）分配給無地的流亡農民。這兩項建議並未實施，但成為
日後均田制的先聲。

陳登元（1930）《中國土地制度》頁 71 引述一小段仲長統的
心願，讓人覺得復井田說只是文人學士的高調，而非真心的期盼。

「使居有良田廬宅,…場圃築前,果園樹後,舟車足以代步涉之難,使令足以息四體之役,養親有兼珍之膳,妻孥無苦身之勞。」這不是地主的心聲嗎?有這種心願的人又如何希望能行井田制呢?

2. 白居易

唐代白居易(772-846)注意到土地兼併問題,《白居易集》內的〈議井田阡陌〉(〈策林三〉)說:「泊三代之後,厥制崩壞,故井田廢,則游隨之路啟;阡陌作,則兼併之門開。…臣以為井田者廢之頗久,復之稍難,未可盡行,且宜漸制。何以言之?昔商鞅開秦之利也,蕩然廢之;故千載之間,豪奢者得其計。…故臣請斟酌時宜,參詳古制:大抵人稀土曠者,且修其阡陌;戶繁鄉狹者,則復以井田。使都鄙漸有名,家夫漸有數。夫然,則井邑兵田之地,眾寡相維;門閭族黨之居,有亡相保。相維,則兼併者何所取?相保,則游墮者何所容?如此,則乎人無浮心,地無遺力,財產豐足,賦役平均,市利歸於農,生業著於地者矣。」

3. 張載

宋代張載(1020-77)的復井田說是:「井田而不封建,猶能養而不能教;封建而不井田,猶能教而不能養。…治天下不由井地,終無由得平。周道止是均平。…井田亦無他術,但先以天下之地,棋布畫定,使受一方,則自是均。…假使地形有寬狹尖斜,經界則不避山河之曲。其田則就得井處為井,不能就成處或五七或三四,或一夫,其實田數則在。…井田至易行,但朝廷出一令,可以不笞一人而定。…其術自城起,首立四隅;一方正矣,又增一表,又治一方。如果,百里之地不日可定,何必毀民廬舍墳墓,但見表足矣。

方既正，表自無用，待軍賦與治溝洫者之田各有處所不可易，旁加損井地是也。…人主能行井田者，須有仁心，又更強明果敢及宰相之有才者。…縱不能行之天下，猶可驗之一鄉。」（《張載集》）

他曾與人商議，打算「共買田一方，畫為數井，上不失公之賦役，退以其私正經界，分宅里，立斂法，廣儲蓄，興學校，成禮俗，救災恤患，敦本抑末，足以推行先王之法，明當今之可行。」（《張子全書》卷 15）

清人耿極批評上述的說法：「井田非可以私行者。先王置產之法，其大意在歸田於公家，民得種不得買之賣之。壯則受，老則歸。…若夫田不歸公，徒為井字，猶今之田，買東西畛改為南北耳，何益之有？」（〈《王制》管窺〉，引自胡寄窗《中國經濟思想史》下冊頁 146）

4.范如圭、楊簡

宋高宗時有范如圭（1102-60）主張籍荊淮曠土，劃為丘井，倣古助法。「今屯田之法，歲之獲官盡征之，而田卒賜衣服廩食如故。使力穡者無贏餘之望，惰農者無飢餓之憂。貪小利，失大計，謀近效，妨遠圖，故久無成功。宜籍荊淮曠土，畫為丘井，倣古助法，別為科條令政役法，則農利修而武備飭矣。」（《宋史》卷 361〈范如圭傳〉）。《宋史》卷 407〈楊簡傳〉（1141-1226）有〈論治道〉共 13 條，其中 2 條是：「一曰募兵屯田以省養兵之費；二曰限田以漸復井田。」這兩種見解基本上是空論，雖無可行性，但也可以看出耕地的急迫性，以及耕地分配的公平性，在當時所構成的壓力，讓士大夫一再地聯想到理想中的井田制。

5.林勛

宋朝林勛，賀州人，政和 5 年（1115）進士，曾為廣州教授，建炎 3 年（1129）8 月向宋高宗上《本政書》13 篇，內含他的井田建議。他的手法是把《周禮》、《司馬法》、《孟子》內與井田相關的要素揉合在一起，加上後代的多種土地思想，提出他的井田方案，有幾項特點。(1)相對於《孟子》的 8 夫 1 井，每夫百畝，林勛以 16 夫為 1 井，每夫占田 50 畝。(2)「每井賦二兵、馬一匹，率為兵六千八百人，馬三千四百匹。」(3)「歲取五之一為上番之額，以給徵役。」

他以 16 家共 8 百畝為一井，每戶 50 畝，只有私田而無公田。在宋代耕地面積與人口密度的情況下，不可能使每井都成為井字型的方塊地。他是在建立一個基層的行政、課稅、軍政單位，而不在意是否為井字型的田制，其實這比較像是限田制。其次，先秦的井田是以「助」的方式提供勞役地租，林勛改採實物地租和貨幣地租結合的方式。再次，先秦的井田制採什一稅率（10%），林勛的設計是「歲取五之一為上番之額」。較新的設計但也是較重的負擔，是每井養馬一匹。此外他沒有說明，如果遇到山川沼澤之類的地形，應如何規劃井田？如果人口壓力造成每戶分地小於 50 畝時，又應如何處理？在地狹人稠的省份，和偏遠地廣人稀的省份，一律每夫 50 畝嗎？

和林勛同時代的人稱讚他的井田計劃（「其說甚備」），但他對上述幾項疑問都未提出解答，可行性很低。

6.方孝孺與王叔英

明初的方孝孺（1357-1402）在〈與友人論井田書〉內，反對井田可行於古不可行於今的說法，但並未具體說明如何復行井田制。「且人之言曰：古法有不可行於今者，若井田是也。斯言甚惑。…若井田者，更三四聖人而始大備，酌古今之中，盡裁成之理，…流俗之謂不可行之者，以吳越言之，山溪險絕，而人民稠也。…今未知天下之故，而曰井田不可行者，是橋井之蛙之類也。且僕鄙之意，以為不行井田，不足以行仁義者，非虛語也。…是殆不然，井田之行，則四海無閑民，而又有政令以申之，德禮以化之，…僕故曰井田之廢，亂之所生也。欲行仁義者，必自井田始。吾子欲舍井田而行仁義，猶無釜而炊也，決不得食矣。」

這是方孝孺寫給好友王叔英（？-1402）的文章，他們兩人在洪武年間一起被徵召，對土地兼併的問題同感憂慮，但王叔英對復井田的看法並不贊同：「但事有行于古，亦可行于今者，…有行于古，不可行于今者，井田封建之類也。…時井田雖不行，然孝孺用《周官》更易制度，無濟實事，為燕王藉口。論者服叔英之識，而惜孺不能用其言也。」（《明史》卷43〈王叔英傳〉頁4053-4）

7.王鏊

明儒王鏊（1450-1524）在《震澤長語》卷上〈食貨門〉，說明他的井田觀：「井田之法，後世不復行。愚以為江南信不可行矣。北方平原沃野，千里彌望，皆不起科，使勢要得占為莊田。於此略倣井田之法，為之溝洫畎澮，公私有分，旱潦有備，不亦善乎？而世以為不可行。…姑於此先試之：自一鄉漸推之一州、一郡，以至

一省。…天子親命之,使民曉然知此意,乃或有濟。」(引自陳伯瀛 1933《中國田制叢考》頁2)

8.海瑞

明代海瑞(1514-87)說:「聖王之治遍天下而井里之矣,于以爵祿夫天下也,于井里之中養焉。…井田之政,又嘗遍天下而程督之矣。」(《海瑞集》頁 493)《明史·海瑞傳》說他認為「欲天下治安,必行井田。」他在〈使畢戰問井地〉(《海瑞傳》)說:「不井田而能致天下之治者,無是理也。…井田者,衣食之資,日夕之事,返朴還淳之道,去盜絕訟之原,舉賴于此,故嘗以為一井田而天下之事畢矣。…井田既行之後,而民猶有無窮之弊耶?」

他的具體做法是:「隨田之廣狹,而為多少之授,可井則井,不可井則一夫二夫當之。可同則同,不可同則百夫千夫當之。助不必野而行,賦不必國中而行,此聖人之法也。…井田者,井田之名也。人必有田而不必于井者,井田之實也。觀野行助法,國中什一自賦,聖人變通之權可想見矣。」由此可見,海瑞的井田制並非嚴格準確的古法,而是一種以井田為名的土地分配制度。

9.黃宗羲

黃宗羲(1610-95)在《明夷待訪錄》的〈田制〉內,提出復井田制的見解。他說:「世儒于屯田則言可行,于井田則言不可行,是不知二五之為十也。」他從屯田的分配推論起,得到一項結論:「則天下之田自無不足,又何必限田、均田紛紛,而徒為困苦富民之事乎?故吾于屯田之行,而知井田之必可復也。」

其實他混淆了屯田和井田的差異：(1)屯田國家在特殊地區（如邊鎮）實施的軍事化墾殖政策，側重於土地的開發利用；而井田是全國性、民間性的土地制度，是國民經濟的基礎單位。(2)他只計算土地的表面積，忽略各地區地質的差異性；(3)屯田是國有地的開發與利用，井田則是民間耕地公平分配問題。

簡言之，黃宗羲對井田的基本特質根本沒掌握到。他的復井田說是從推行屯田的構想中領悟出來的，復井田之後的土地屬於個人或國家？他沒有明說。黃宗羲的基本立場是維護土地私有，而先秦的井田制卻是公有。他想做的是要把屯田制在全國推行，但又不願讓人以為只是普通的屯田制，就用井田之名來吸引注意力。結果在井田的理論上解說不清，對於如何實際運作又是說法相互矛盾，只能說是一種含混的復井田說，沒有實質意義。①

10.譚嗣同

清末戊戌政變六君子之一的譚嗣同（1865-98），在短短的 34 歲留下《譚嗣同全集》，在井田說方面有些強烈的看法。他認為要達到理想的大同世界，必須「盡改民主以行井田，則地球之政，可合而為一。…西人深贊井田之法，為能禦天災，盡地利，安土著，平道路，限戎馬，均貧富。…西人又極拜服中國井田之法，其治河用之，頗收奇效。又言欲地球皆太平，非井田封建不可。故行井田封建，兼改民主，則地球之政可合為一。」（《全集•仁學》，引自

① 王崇武(1936)〈明初之屯墾政策與井田說〉對明代各種井田說的歷史背景，有綜合性的解說。

《中國近代經濟思想史稿》第 2 冊頁 505）這是秦漢以下的倡復井
田論中，最有世界觀的囈語。

二、井田不可復論

1.荀悅

東漢的荀悅（148-209）持反對復井田說：「或曰：復井田歟？
曰：否。專地非古也，井田非今也。然則如之何？曰：耕而勿有，
以俟制度可也。」（《申鑒》卷 2〈時事〉）「且夫井田之制，不
宜於人眾之時，田廣人寡，苟為可也。然欲廢之於寡，立之於眾，
土地布列在豪強，卒而革之，并有怨心，則生紛亂，制度難行。」
（《漢紀》卷 8）

他認為井田應行於田廣人寡之時，不宜於人眾地少之時。這是
奇怪的說法：若耕地的壓力不在，何必把人力編為八夫一井、每夫
百畝？井田應該是在耕地有限、人口壓力大時，統治者為了使社會
穩定而設計的田制。若耕地與人口皆無壓力問題，何必多此一舉行
井田制，不如放任民力自耕，讓耕作的面積愈大，國家的地稅收入
豈不更多？

2.蘇洵

唐宋八大家之一的蘇洵（1009-66），是蘇軾和蘇轍的父親，他
在《蘇老泉先生全集》卷 5〈田制〉內，對井田制有如下的見解。
「周之時用井田，井田廢，田非耕者所有，而有田者不耕也，耕者

之田資于富民。…其弊皆起于廢井田。井田復，則貧民有田以耕，
穀食粟米不分于富民，可以無飢；…是以天下之士爭言復井田。…
夫井田雖不可為，而其實便於今。今誠有能為近井田者而用之，則
亦可以蘇民矣乎！…夫端坐於朝廷，下令于天下，不驚民，不動眾，
不用田之制，而獲井田之利，雖周之井田，何以運過于此哉。」

　　雖然有上述的優點，但現今的可行性如何？他知道是不可行也
不可能回復。「今雖使富民皆奉其田而歸諸公，乞為井田，其勢亦
不可得。何則？…非塞溪壑、平澗谷、夷丘陵、破墳墓、壞廬舍、
徙城郭、易疆壠，不可為也。縱使能盡得平原廣野而遂規劃于其中，
亦當驅天下之人，竭天下之糧，窮數百年專力于此，不治他事，而
後可以望天下之地盡為井田、盡為溝洫，…吁！亦已迂矣！井田成
而民之死，其骨已枯矣。」（《嘉祐集》卷5〈田制〉）

3.葉適

　　南宋葉適（1150-223）的反井田論，立場鮮明，文詞肯切。「後
世之所以為不如三代者，罪在於使天下不能無貧民，不在於田之必
為井不為井也。…後之儒者乃欲以耳目之不聞不見之遺言，顧從而
效之，亦咨嗟歎息，以為不可廢，不亦難乎？…臣以為雖得天下之
田盡在官，文武周公復出而治天下，亦不必為井。何者？其為法瑣
細繁密，非今下之所能為。…昔者自黃帝至於成周，天子所治者皆
是一國之地，是以尺寸步畝可歷見於鄉遂之中，…以井田為事。而
諸侯亦各自治其國，百世不移，故井田之法，可頒於天下。…今天
下為一國，…井田之制雖先廢於商鞅，而後諸侯封建絕。然封建既
絕，井田雖在，亦不可復存矣。…故井田封建相待而行者。…儒者

復井田之舉可罷，而俗吏兼併富人意可損。…不然，古井田終不可行，今之制度又不復立，虛談相眩，上下乖忤，俗吏以高為實，儒者以高為名，天下何從而治哉？…田不能井，又不能限，又不能均，均亦不能久，…（惟有）建立步畝，括田均賦，是為至策。」（《水心別集·民事上下》）

4.馬端臨

南宋馬端臨（1254-?）認為三代所行的井田是好田制，但已無法復行，原因如下。(1)「天下之田悉屬于官」才能行井田，而今已無此可能。(2)行井田制必須在分封諸侯、封君的封建體制下才有可能，而現今已無此條件。(3)必須充分了解各處土地的肥瘠，才能按上、中、下等進行土地分配。(4)必須清查人口，才能依上地家幾人、中地家幾人、下地家幾人來分配耕地。(5)必須依民夫的勤惰來區別上農食幾人、中農食幾人。(6)必須掌握每戶人口的年齡，才能依齡分配不同數量的耕地。(7)復行井田的過程，會受到官吏的干擾。他認為「欲復封建，是自割裂其土宇以啟紛爭；欲復井田，是強奪民之田畝以召怨讟。書生之論，所以不可行也。」（《文獻通考·自序》）

5.丘濬

丘濬（1420-95）最有名的著作是《大學衍義補》，卷4〈制民之產〉對歷代田制有很好的綜述。其中他對復井田的意見很明確：「井田已廢千餘年矣，決無可復之理。說者雖謂國初人寡之時，可以為之，然承平日久，生齒日繁之後，亦終歸于隳廢。不若隨時制宜，使合于人情，宜于土俗，而不失先王之意。」（卷14頁12）

6.顧大章

明儒顧大章（1567-1625）在〈井田論〉中析述他反對復井田的原因。「井田之不可行，學者皆能言之，其說莫辨于蘇子（洵）。蘇子曰：井田成而民之死也，骨已朽矣。蓋第言其難成也。若夫行之，之不為利而為害，則蘇子未之及也。愚以為殷周之世，蓋未嘗舉海內而盡井之也，請先正言其害。…今世繁庶之邑，生齒有數倍此者，其將何以給之？…夫一人而五子，老而傳百畝，則授之長矣。自其仲以及其季，寸土之茅無獲焉。剖而耕則非制也。是以慈父必憂其幼子，而賢兄必憂其有弱弟，…如是則骨肉之恩殘，慈孝之理虧矣。…富民之老而無子者，族之不孝人睥睨而竊幸其死，甚則毒殺行焉。…如是則睦任之教廢，陰賊之計興矣。…則貪吏黠胥將狡焉。…則請寄之途廣，賕賂之門啟矣。…則盜竊之權，眾刀鋸之用亟矣。…則喪其智，卒天下而喪其仁義禮智，以胥于大亂之歸者，必井田為之也。吾見其害之浮于利也。…故殷之助止於亳，而周之徹止于岐與東都。魯之為徹也，則周公之教也。齊富以魚鹽，晉強以戎索，烏在其必井田哉？歧與東都之徹，其久而敝也。無道之君子以通其變，而遂裂于商鞅、李悝之手。…趙也、韓也、田齊也、燕也、楚也，不聞其阡陌之開，地力之盡，而井田之迹亦各無有存焉者，豈非其始之未嘗通行哉？敢以是補蘇子之略。」（《明文海》卷99）

7.胡培翬

胡培翬（1772-1849）是嘉靖年間進士，曾任內閣中書，安徽績溪人。他在《研六室文鈔·井田論》讚揚井田制的功效：養民、教民、衛民、聚民、厚民俗。但他也理解當時已不可能復井田：「今

井田之廢久矣。當今日而欲復之，將奪富民之田以與貧民，勢必紛
攏不可行。且阡陌已壞，而欲為溝洫，涂畛于其中，亦必曠日持久
而難行。…善古法者，不襲其迹，惟其意。今井田即不可復，而其
法未嘗不可師而用之也。」

10
兩次失敗的實驗

秦漢以後就沒有井田制的記載，但在漢代與清代各有過一次「井田」實驗，都以失敗收場。第 1 節說明漢代王莽新朝試行王田制的背景，它的主要理念為何？具體的做法為何？碰到哪些障礙？為何終歸失敗？第 2 節以類似的角度，說明清代雍正朝所實施的旗人井田區，它的構想與做法為何？有哪些無法克服的困難？這兩次的失敗實驗讓我們警覺到，理想中的井田制其實不易施行，幻想是優美的，現實是嚴酷的。

一、漢代王莽的王田制

1.背景

王莽的新朝（西元 9 年至 23 年），是西漢與東漢之間的短命王朝（15 年）。為何會出現這個過渡王朝？西漢初年地多人稀，耕地的壓力不大。在初期的休養生息之後，經濟發展國力強盛，到了武帝時「竭民財力，奢泰亡度，天下虛耗，百姓流離。」（《漢書》卷 75〈夏侯勝傳〉）。武帝對外征伐拓土，對內興功役民，導致民間貧困化。尤其是商人階級的興起（如桑弘羊、孔僅、咸陽），土地兼併狀況日益嚴重。

《漢書》卷 24〈食貨志〉說：「豪富吏民，訾數巨萬，而貧弱益困。」「彊富豪，田宅踰制，以彊凌弱，以眾暴寡。」農民「或耕豪民之田，見稅什五。」或是「逃亡山林，轉為盜賊。」「有賣田宅，鬻子孫，以償債者矣。」武帝之後朝廷還舉辦一次著名的朝野代表會議，記錄在桓寬的《鹽鐵論》內，充分反映社會與財經問題的嚴重程度。單就土地的兼併而言，在王莽代漢的前夕已造成社會重大危機，是導致西漢滅亡的重要因素。

2.王莽簒漢

王莽精熟《儀禮》、《周禮》、《左傳》等古文經學，也能兼納今古文兩派之說。在生活方面，他被服儒生，儉樸節約，禮敬師友，尊崇賢良。在這種形象下他得到不少儒臣的褒美，期望他能實現帶有儒家禮治天下的社會模式，解除西漢晚期以來的亂象。漢儒對具有外戚身份的王莽積極擁護，把他當作復古化的執政聖賢，逐

步推向篡漢稱帝的局面。哀帝崩後，王太后召王莽，迎立平帝，位上公，加九錫，大權在握。不久，弒平帝，迎立孺子嬰，居攝踐阼；三年後廢帝自立，改國號為「新」。

王莽掌握朝政後，起用古文經派的劉歆，想施行《周禮》（謠傳為周公所作）內的典章制度，有許多儒生也支持這條復古的改造路線。新王朝的託古改制大略有十項：(1)仿居攝事（給自己的新王朝找歷史根據）；(2)立五等爵（公侯伯子男）；(3)設置郡縣（依古文經書為典範）；(4)改頒吏祿（重訂官俸）；(5)復井田制（行王田制）；(6)五均賒貸（設五均官平抑物價）；(7)改革幣制（共 5 物 6 名 28 品）；(8)釋放奴婢；(9)行巡狩禮；(10)改定祭禮。這些新制度都有經文的根據，如《漢書•食貨志》所說：「每有所興造，必欲依古詩經文。」

3. 王田制的構想

以下專談上述的第(5)項（行王田制），先看《漢書》卷 99〈王莽傳〉的理念與手法。「莽曰：古者，設廬井八家，一夫一婦田百畝，什一而稅，則國給民富而頌聲作。此唐虞之道，三代所遵行也。秦為無道，厚賦稅以自供奉，罷民力以極欲，壞聖制，廢井田，是以兼并起，貪鄙生，強者規田以千數，弱者曾無立錐之居。…予前在大麓，以令天下公田口井，時則有嘉禾之祥，遭反虜逆賊且止。今更名天下田曰"王田"，奴婢曰"私屬"，皆不得賣買。其男口不盈八，而田過一井者，分餘田予九族鄰里鄉黨。古無田，今當受田者，如制度。敢有非井田制，無法惑眾者，投諸四裔，以禦魑魅，如皇始祖考虞帝故事。」

從這段正史的引言看來，王莽先譴責秦無道，壞聖制，廢井田，導致社會不安。接著他說本來在大麓時，曾經想實施「公田口井」，但因故未行。現在有了新王朝，他要把天下的田土改稱為王田，不得買賣。主要的目的是平均地權：「男口不盈八，而田過一井者，分餘田予九族鄰里鄉黨。」若有人敢反對「井田聖制」者，依古制嚴厲處罰。這段話表明王莽所行的是土地國有制（王田），是依循古代的「井田聖制」。然而他確知古代井田的運作方式嗎？王田制真的就是井田聖制嗎？現有的史料沒有與王田制相關的具體細節，但我們知道一項整體性的數據。《漢書》卷 28〈地理志〉第八下說，定墾田有 8,270,536 頃，民 12,233,062 戶，口 59,594,978 人（平均每戶 4.87 人）。舊制一頃等於 100 畝，若可耕地為 827,053,600 畝，則平均每戶約可分得 67.6 畝，每人約可分得 13.9 畝。也就是說，若王田制真的徹底施行，也做不到「一夫一婦田百畝」的理想。

4.阻礙與失敗

可以料想得到的阻撓，是原先擁有廣大田土的地主必然反對。王田制實施後，據〈王莽傳〉第 69 中說：「諸侯皆困乏，至有庸作者。」這些地主中有些是政府權要，自然集結起來反對。〈王莽傳〉又說：「於是農商失業，食貨俱廢，民人至涕泣於市道。及坐賣買田宅奴婢，鑄錢，自諸侯卿大夫至于庶民，抵罪者不可勝數。」

〈王莽傳〉記載中郎區博勸諫王莽的話：「井田雖聖王法，其廢久矣。周道既衰，而民不從。秦知順民之心，可以獲大利也，故滅廬井而置阡陌，遂王諸夏，訖今海內未厭其敝。今欲違民心，追復千載絕跡，雖堯舜復起，而無百年之漸，弗能行也。天下初定，

萬民新附，誠未可施行。」莽知民怨，乃下書曰：「諸名食王田，皆得賣之，勿拘以法。犯私買賣庶人者，且一切勿治。」

從這段記載可知，王田制很快地就經不起考驗，王莽公開放棄此制。到了新朝的後期，「莽知天下潰畔，事窮計迫，乃議遣風俗大夫司國憲等分行天下，除井田、奴婢、山澤、六筦之禁，即位以來詔令不便於民者，皆收還之。」

王莽的新朝迅速崩潰，原因眾多，這不是此處的主題，但我們可以猜測：牽動全國基本生活的王田制，應是新朝崩潰的重要因素。若要和井田說這個題材牽連起來，我有以下的結論。其實王莽要做的是土地國有制以及地權平均，但他又以復古為己任，所以把王田制和井田說勉強牽扯在一起。其實他也未必清楚傳說中先秦井田制如何運作，況且他所依據的《周禮》，現代的考證（如錢穆(1932)〈《周官》著作時代考〉）已經知道，這是戰國晚期的偽書，其中所述的井田制也不可靠。

二、清雍正朝的旗人井田區

這項井田實驗有三項特色：(1)試行時間很短，從雍正 3 年（1725）至乾隆元年（1736），只有 11 年。(2)範圍不大（河北省的順天府與保定府，共 2 府 4 縣 17 村，總面積 20,939.2 畝）。(3)文獻有限（以《八旗通志》內的〈土田志〉為主）。

• 143 •

1.旗民的生活

　　清初入關後，由於明朝的皇親、駙馬、公、侯、伯、內監，遺下許多無主的莊田，而清朝的東來諸主、勳臣以及八旗兵丁無處安置，就把這些土地分發給他們。依《大清會典・八旗通志》卷 62 頁 11 記載，所謂的圈地是「順治 11 年（1654）覆准，凡丈量州縣地用步弓，各旗莊屯用繩。用步弓曰丈，用繩曰圈。」圈地的分配原則是：諸王以下依職爵不同而異，壯丁每名 25 畝，普通旗民每人 30 畝。若有災荒，每畝地給米 2 石，例如康熙 3 年（1664），八旗莊田災賑米粟 2 百餘萬斛，10 年（1671）賑八旗屯米 160 餘萬石。此外還常發內帑給旗民償債，例如康熙年間曾發帑金 540 餘萬兩，一家賞至數百兩；後又賜帑金 650 餘萬兩。因有朝廷的照顧，旗民的生活優裕，「治生苟且，靡費極多，飽食終日，無所用心。」

　　康熙 12 年（1673）的諭旨記載：「…近見滿州貧困，迫於逋負者甚多，賭博之風禁之不止，…且滿州習俗好為嬉戲，凡嫁娶喪祭之儀，不可枚舉。…」雍正 2 年（1724）的諭旨，對旗民的奢侈、墮落、貧困說得更明白：「朕以八旗滿州等生計，…其妄行過費、飲酒賭博，於歌場戲館，以覓醉飽等事，屢經降旨訓戒，…」雍正 4 年（1726）的上諭說：「…八旗為本朝根本，…今八旗兵丁貧乏，即將食糧國帑盡行頒賜，朕固不惜，但使隨得隨盡，曾不浹旬，遽即蕩然，亦何濟之有？並有將原置房產變易無遺者。…」（見《聖祖仁皇聖訓》卷 6 頁 3、《大清會典事例》卷 1164 頁 3、《世祖聖訓》卷 6 頁 5）

2.試行井田區

部分旗民不事生產、奢侈、墮落、危害社會，所以雍正想把某個地區的土地收歸國有，讓這些旗民能「不飢、不寒」、「放辟邪侈，皆不為己」，希望能在井田制下同養公田，「盡收盡報」，一方面不拖欠錢糧，二方面有正當事做，三方面有收入來源。

雍正 2 年（1724）6 月，怡親王等奏請：「臣等查得內務府餘地共一千六百餘頃，及拖欠錢糧人所交地共二千六百餘頃，以此兩項地內，挑選二百餘頃作為井田。行文八旗，…將無產業滿州五十戶、蒙古十戶、漢軍四十戶，前往種地。」（《八旗通志·土田志》卷 6 頁 1-2）雍正 5 年（1727）上諭：「旗人枷號鞭責治罪革退官兵，並無恒業，在京閒住，依靠親戚為生，以致良善之人被累維艱。…將此等人查出，令於京城附近直隸地方耕種井田，作何安置之處，王大臣等會議具奏。」也就是要把受過刑事處分的旗民，送到井田區內約束改造。

他們依照孟子「方里而井」的說法，來劃分井田經界，基本的原則是：(1)在井田地畝內，倘有旗民交錯之地，請將近存良田照數換給。(2)以周圍八分為私田，中間百畝為公田，共力同養公田。(3)自 16 歲以上、60 歲以下，各授田百畝。但據《大清會典事例》卷 161 頁 3 記載：「每戶原給一百二十五畝，以十二畝五為公田，十二畝五分為屋廬場圃，一百畝為私田。」

除了這些「井戶」，還有一種「堡戶」：這些是受過刑事處分的旗民，不種公田也不納糧，只給地 30 畝。政府不但提供井戶土地，還要供給建農舍、購置農具、耕牛、種籽、一年的食糧：每間土房給銀 10 兩（共 4 百間），每戶給銀 50 兩供買辦口糧、牛種、

農具。若是因罪發往井田者，「五戶共給牛三隻，購買牛具、籽粒等物及每年口糧，每戶給銀十五兩。」井戶有三年免稅期：「公田俟三年之後，所種公田百畝之穀，再行徵取。」從這些優厚條件看來，根本就是在安置對社會造成困擾的旗民，完全不是孟子或傳說中的先秦平民井田制。

從雍正 3 年（1725）至 7 年（1729）間試行的井田區域，只限河北省的順天與保定兩府。順天府內有固安縣（內有 6 村）、霸州（內有 5 村）、永清縣（內有 3 村）；保定府內有新城縣（內有 3 村），合計 2 府 4 縣 17 村，井田數合計 20,939.2 畝。

井田區內設「管理員」1 名，為最高負責人，管理井田相關事務，以「革職大員內誠實有年紀者」充任。主要的職責是約束井田民戶，「令其耕種，不許出入京城。」若「管理井田官員不能料理妥貼，或約束不嚴，致令生事擾害地方者，將管理官員從重治罪。」另設「勸教」1 名，專管井田戶旗民的刑政與教養，使不敢妄生事端。另設「驍騎校」，專治軍事，維持井田區的治安。設「催領」8 員，專事催取公租。設「鄉長」1 名，專供督率農務交糧，並稽查逃盜、賭博等事。從這些職位的任務看來，這種井田區其實更像是罪犯惡人的矯正生活區。

3.必然的失敗

井田制從雍正 3 年（1725）試行到 13 年（1735），乾隆即位（1736）後立刻廢除。乾隆元年 4 月，和碩莊親王等奏請停止試行井田：「設立井田試行十年以來，所有承種之一百八十戶，緣事咨回者已有九十餘戶。循環頂補，大都皆不能服田力穡之人，行之未見成效。」（《大清會典事例》卷 161 頁 3）

　　也就是說，在 11 年間有 180 井田戶，其中一半（90 戶）先後退出，其餘 90 戶「不能服田力穡」。乾隆朝的執事者知道井田若繼續施行，「勢必添工本，徒耗錢糧」。接下來要做的是如何善後：「令地方官確查實力耕種者，改為屯戶，於附近州縣按畝納糧，令各屬防禦管轄。」「其不能力穡之戶，咨回本旗，停其撥補。原領田房，交州縣賃耕，取租解部。」

　　雍正朝試行的井田必然失敗，因為初始的動機與目的，就是要安頓墮落與危害社會的旗民。這些井戶雖然有免費的耕地和必須的經費，但要他們自食其力，是不可奢求的事。傳說中的井田制是全國上下一體施行，而雍正朝的井田，只是在一時一地的小範圍內，給不事生產的旗民與社會邊際份子一個區隔的生活圈，徒然壞了井田這個美好的歷史想像。

　　這種井田情結，在道光年間還在皇帝的硃批中出現過。2004 年在台北故宮博物院的展覽《知道了：硃批奏摺展》內，頁 60 有一項奏摺，是江西道監察御史羅誌謙的〈奏為興復井田因利利民不致紛擾摺〉，時間是道光三年（1823）七月初六日。皇帝的硃批是：「考古而不通今，一片繁文，于事何益。」道光皇帝或許知曉雍正朝的前車之鑑，才會有這種正確的認知。

11
討論與結語

　　本章對各式各樣的井田說，提出綜合性的討論與結論，先回顧本書的寫作策略與主要內容。

　　第 1 章說明為何要做這項極具爭辯性的研究。第 2 章從孟子的井地說表達我的基本觀點：數千年來聚訟不絕的井田說，其實是根源自《孟子》，孟子的原初用意是要替弱小的滕國規畫「井地」，這是低層次的農地規畫方案，完全不是後代所寄望的理想井田制。孟子的「正經界」說被後儒過度附會衍伸，引發了不必要的「井田辨」。

　　第 3 章至第 10 章處理三個層次的問題：

　　(1)歷史證據與文獻記載，都無法證明井田制存在過（3-5 章）：肯定說與否定說、何時說與何地說、井田制是如何運作的？我感覺到：真正能回答的部分很少，對這方面的問題所知相當有限。

　　(2)後人的歷史重建，主要是根據《周禮》與馬列主義，這些論點都找不到歷史證據（6-7 章）：若井田真的存在過，它與封建制

度、軍事賦役的關係為何？公社說與奴隸說能成立嗎？我的回答都是否定的。

(3)從上古至秦漢時期，都沒有實行井田的環境與條件（8-10章）：商鞅真的要為破壞井田制負責任嗎？否定井田存在論者對這個問題的看法是：商鞅根本無井田制可廢。復井田論者與井田不可復論者，各自持哪些對立性的論點？王莽和清雍正皇帝受到井田說影響，嘗試要實行井田制，但都很快就宣告失敗。這兩個例子加強了否定井田論者的觀點：井田是儒者心目中的理想田制，是「說得做不得的」。

一、討論

1.井田辨的外溢效果

井田制的問題歷代都有許多爭論，只要在經濟思想史的教科書內（例如：胡寄窗 1962, 1963, 1981《中國經濟思想史》、趙靖 2002主編《中國經濟思想通史》），就可以查到許多記載與解說；本書第 6 章舉了一些實例，說明歷代對恢復井田看法，以及反對井田可復說的觀點。這個爭訟數千年的問題，在 1919-20 年間又被胡適、胡漢民、廖仲凱等人，在《建設》雜誌引發出一場大辯論。此事的始末已在本書第 1 章第 1 節，以及第 2 章第 1 節內簡要地敘述過。

胡適的主要論點是：「井田論是孟子憑空虛造出來的」、「井田的均產制乃是戰國時代的烏托邦」、「古代並沒有均產的井田制度」。大家都知道，胡適的學說影響了以《古史辨》聞名的顧頡剛，

顧是胡在北大的學生，他這個疑古派受到胡適考證井田的影響，「中了實驗主義的毒，所以敢于大膽抹煞古代的傳說，抹煞史料的真實性，把中國原始社會完全否定。…古史辨派認為任何歷史事實都可以用神話兩個字一筆抹煞。」（王學典、孫延杰 2000《顧頡剛和他的弟子們》頁 250-1）[1]

童書業和顧頡剛有很密切的學術關係，對這件事說得很清晰：「顧先生的有名的"層累造成的古史觀"，分明是"井田辨"的"考據"方法的發揮和發展。胡適的"井田辨"認為井田本來是沒有的，孟子憑空虛造出井田論來，自己並未曾說得明白，後人一步一步的越說越周密。這也就是"層累地造成的古史觀。"…"古史辨"的史學方法，受胡適實驗主義的影響，是不可否認的。」（頁 249）

2.實行井田的條件

要具備哪些環境上、社會上、政治上的條件才能實施井田制呢？我認為至少需要滿足下列 12 項條件。(1)可耕地有限，必須謹慎規劃，每戶的畝數才能平均。(2)人口密度高，造成耕地不足的壓力，必須規劃耕地的形狀與面積。(3)戶口清楚，才能知道哪戶人家有必須授田的正夫，以及必須還田的老人。(4)社會結構穩固，從天子到諸侯到領主到農民，階級清晰，各階層的人口比例呈三角型。(5)國家的行政力量強大，對各層級的控制力足夠。(6)地勢平坦，華北平原地帶較適合井田的規劃；華南多湖泊、沼澤、灘地、丘陵，

---

[1] 歷史學界對此事的評議，參見嵇文甫（1934）〈井田制度有無問題短論〉頁 2-3、楊寬（1982）〈重評 1920 年關於井田制有無的辯論〉、陳峰（2003）〈1920 年井田制辯論：唯物史觀派與史料派的初次交鋒〉頁 37。

較不易行。(7)地質均勻：荒地、河邊地、礫地皆不適合。(8)耕地的承繼方式完善，農民不會抵抗領主的土地分配權。(9)民間財富平均，耕地兼併的可能性低，地權必須維持公有。(10)社會福利健全，鰥寡孤獨殘障者皆有所養，否則如何處理無力耕作者？(11)水災、旱災、戰事之後，有迅速重新規劃耕地的能力與效率，這是領主與政府的職責。(12)屬於固定農耕的社會，不輕易遷徙，殷商時期「契至湯，八遷」，就難以實行井田。

若要井田制能穩定，甚至能運作兩三百年，上述的 12 項因素都必須俱備。以西周至春秋末期的社會、政治、經濟條件來說，恐怕難以符合。就算是現代電腦化的國家社會，也不容易滿足這 12 項條件。井田制不容易在秦漢至現今的社會裡實行，怎麼在社經條件更不齊全的西周至春秋時期，反而能實行井田制五、六百年呢？

二、結語

1.可以接受的井田說

大體而言，用來支持井田制存在論的歷史文獻，一方面在數量上不夠多，二方面在詮釋上有相當的模糊空間，所以持否定論者從攻擊的角度，往往較易氣勢逼人。然而持肯定論者中亦有一些高手，他們的見解相當有力，不可輕率地譏諷抹煞。肯定說陣營中的高手，在 1950 年之前有錢穆（1932）〈《周官》著作時代考〉、徐中舒（1944）〈井田制度探原〉，這兩位的主要見解，已在本書諸章中多處摘述，在此不贅。

1950 年之後，台灣歷史學界對井田說的研究並不熱中，大陸學界以肯定說為主流，絕大部分的見解屬於馬列學說式的公社說、封建說，我覺得大多數的著作在說服力上明顯不足。若以專書為例，我認為金景芳（1982）《論井田制度》和徐喜辰（1982）《井田制度研究》是這類的代表作。以馬列學說為根底的著作中，也有較具說服力的著作，若以專書為例，我認為吳慧（1985）《井田制考索》和馬曜、繆鸞和（2001）《西雙版納份地制與西周井田制比較研究》較有說服力。在篇幅的限制下，我挑選馬、繆（2001）書中的幾項重要論點，作為以馬列學說為根底，持肯定井田存在論者的代表。就算我不完全同意他們的馬列學說取向，以及他們設定的架構，也不完全同意他們的公社說和奴隸說，但必須尊重這些在另一個陣營中的可敬對手。

他們認為「在西周，村社的土地制度，稱作"井田制"，其主要特點，首先，耕地為村社集體占有使用，任何村社成員均無權買賣耕地，即所謂"田里不鬻"。其次，在平等和均等的原則下，分配耕地。所謂"一夫一婦受田百畝"。…再次，西周的村社，作為領主統治的基層單位，還具有組織生產、組織生活的獨特社會功能。…另外，村社還有自己的軍事組織以及文教娛樂等公共生活："唯為社事，單出里，唯為社田，國人畢作。唯社、丘乘共粢盛。"社祭成為全村社員參加的盛大活動。」（頁 147-8）

井田制有哪些特徵呢？「作為封建井田制的基本特徵和主要內容是"分田制祿"。所謂"制祿"，即領主分配地租；就是由最高領主"頒爵賜祿"、"授土授民"給臣屬，而又通過農村公社"計口授田"給農奴。…又由這個主要作用派生出兩個作用：即井田也是領主集團分

享封建地租的一種俸祿單位，同時又是對農奴實行勞動編組的基層經濟組織和基層政權組織。因此，封建井田的要素可以概括為三個，即："土地王有"、村社制度和勞役地租。這三個要素緊密聯繫在一起，構成了一幅井田制的圖案。」（頁 228-9）

井田制是如何破壞的呢？「井田制的破壞，首先始于"爰田制"，即村社內部使用的固定化；第二步是勞役地租為實物地租所代替，打破了"公田"和"私田"的界線；第三步才是打破領主割據的"封疆"，從摧毀村社界線，到法律上允許土地的自由買賣，以便利新興地主經濟的自由發展。這是需要有一系列的社會經濟發展和政治改革為其前提的。」（頁 233）

接下來要說明西周的井田制如何崩潰。「(1)春秋時期由于鐵器生產工具的大量使用和牛耕的廣泛推行，生產力水平有了很大的提高，擴大了社會的分工和交換，商品經濟和高利貸侵入農村，加速了農村公社的分化和瓦解。…(2)從西周末年下至春秋時期，農奴反抗領主貴族的鬥爭，震撼了封建領主的統治基礎，迫使封建領主不得不改變其剝削方法，把勞役地租改為實物代役租，以爭取農奴和擴大自己的戰鬥兵員力量。…(3)作為井田的份地制的徹底廢除，完成于秦國商鞅變法。這是春秋以來一系列社會經濟激烈變化的結果。」（頁 238-43）

他們對井田制的特徵有如下的概括。「井田制不過是帶有農村公社所有制軀殼的（，）以勞役地租為支配形態的封建份地制度。…井田制最主要的內容和本質，正如《孟子》所說，一是"鄉田同井"的集體所有制；二是（八家）"皆私百畝"的份地制；三是（八家）"同養公田"的助法即勞役地租制。當然，井田制作為一種土地制度的

存在，乃是西周到春秋時期的特殊歷史現象。…井田制不是純綷的農村公社土地制度，而是變了質的農村公社土地所有制。…井田制是直接領有"公田"的大小領主和占有"私田"的直接生產者相結合的一種特殊類型的生產體系。西周時期的分封制、宗法制和等級制就是建立在這種井田制的基礎之上的。…井田制是一種封建生產關係，不能根據井田的外表形成，即一看到豆腐干塊塊的規整圖案，認為就是井田，更重要的是要著眼于它的實質，同時還要弄清村社土地所有制與井田制的聯繫與區別，才能理解井田是在一定歷史階段上產生的土地制度。」（頁 269-70, 290）

　　還有一種見解也不錯，不必和馬列學說牽扯在一起。吳存浩（1996）《中國農業史》頁 208：「對于"井田制"的解釋，一般認為這種土地作"井"字形，故名。其實，這種解釋正是基于《孟子》所說"八家共井"的臆測而來的。…何況，土地的狀況受山川澤藪等多種自然條件的制約，因此，純粹的大面積按照"井"字形來劃分土地簡直是不可能的。《周禮》、《禮記》、《孟子》等書按照主觀願望所規劃的周代分配土地的方案實際上僅是一種紙上藍圖而已。井田制的正確解釋應該是以宗族、家族為基礎的土地分配制度。"井"字絕不應該釋為劃分為 9 塊四四方方的土地，每塊百畝，共 900 畝；而應該解釋為"市井"的井，"鄉井"的井，即是指共飲一井之水的同宗同族同家耕一塊土地。雖然，《辭海》、《辭源》及各類辭書都把井所代表的"鄉里"這種含義解釋為八家共一井的引申義。但是，這種引申義並非是八家共一井，而是自定居農業時代水井產生之後，共飲一井之水的聚族而居的同氏族、同家族的引申義，這種引申義較之八家共一井的引申義產生得更早，更確鑿，更

貼切。因而，將"井田制"釋為同宗族、同家族內平均分配土地的制
度也就顯得更妥當。」

2.井田的真義

　　徐喜辰（1982）《井田制度研究》頁 20-1 做個有用的對照表，
對比主要史書上的井田形式。此表的縱欄有 11 個項目：井的廣闊、
井的畝數、井的組織、畝的尺度、公田位置、公田設備、公田作法、
受田數目、田的等級、戶的等級、田的還授。此表的橫列是記載井
田說的七本重要著作：《孟子》、《周禮》、《穀梁傳》、《韓詩
外傳》、《漢書·食貨志》、《公羊傳》、《春秋井田記》。

　　這是個有趣的對照表，可以明顯看出一個基本的特徵：眾說紛
紜。以「田的授還」（第 11 項）來說，只有《漢書·食貨志》和《春
秋井田記》記載這個重要項目，其他五本皆無。更奇特的是：《漢
書》說「二十受田，六十歸田。」，《井田記》說「人在三十，受
田百畝。」前者未提到畝數，後者的受田竟然要到三十歲，無還田
的規定。如果以這個觀點來對比「田的等級」、「戶的等級」這兩
項，說法也是大不相同。這個表讓人感覺到，這七本著作是井田說
的重要典籍，尚且內容如此不一，讓人懷疑井田制並無歷史上的明
確根據，而是人云亦云多重轉述的結果。

　　我是個否定井田存在論者，但如果要善意地替井田存在論者說
話，可以從兩個觀念的澄清著手。第一，並不是把耕地規畫成井字
型就可以稱為井田，井字型的耕地有幾項好處：(1)土地利用得較美
觀；(2)灌溉上會較方便；(3)管理上也因整齊而便利；(4)各戶的畝
數一目了然，地權易平均。第二，井田的意義不在於耕地的外形，

而在於「生產關係」與「社會脈絡」上：勞動力如何運用、地租如何分配。馬曜、繆鸞和（2001）《西雙版納份地制與西周井田制比較研究》頁229說，封建井田有三個要素：土地王有、村社制度、勞役地租。「這三個要素緊密聯繫在一起，構成了一幅井田制的圖案。」我認為這是個可以接受的井田說。

反過來說，如果具備了這三項要件，就算耕地是狹長的、是圓形的、是梯形的、是三角形的，那都無所謂，皆可稱為井田的變形。[2]這也就是清代崔述《崔東壁遺書》〈三代經界通考〉頁22所說的「畫井不必盡方」；清代金鶚〈井田考〉（頁12）也說：「井田之制，不必畫方如棋局也。」再反過來說，以美國中西部的玉米、小麥生產區來說，他們的耕地大都是棋盤式的區劃（井字田），然而社會組織與經濟脈絡都和西周大不相同：美國的土地是私有的，沒有村社組織、沒有勞役地租。美國的「井田」是私人的、營利的、各自負擔風險與盈虧的，只能說是「井字田」。在沒有西周式封建制度的地區，就不會產生中國意義的井田制。[3]

---

[2] 有一種說法：「井」是面積單位，如「有田一井」（這並不是說「有田900畝」，而是有"一井"的田）。侯志義（1989）《采邑考》頁197說：「"井"是由"夫"導致而來的計地單位。…何以稱為"井"？因九夫之田連成方塊，正好呈現"井"字形狀。這是古人早就說過的，想來不會有更深奧的意義！由"井"又引申出"邑"、"丘"、"甸"、"縣"、"都"等等計地單位。」（吳存浩1996《中國農業史》頁208有類似見解）

[3] Li, Feng (2006): Landscape and Power in Early China (Cambridge University Press) 頁123認為："However, such a system [Well Field, 井田], if it ever existed, only regulated the economic relationship between the land owners and the peasants, but not the relationship between the land owners and the Zhou state."

附錄 1
評梁啟超對貢、助、徹、初稅畝的見解

　　梁啟超對先秦田制的意見，主要集中在《先秦政治思想史》（1922），但分散數處：(1)「前論」第八章「經濟狀況之部分的推想」（頁 50-4）；(2)隨後的「附錄四：春秋"初稅畝"（誤植為「作」稅畝）、"用田賦"釋義」（頁 55）；(3)「本論」第六章「儒家思想（其四：孟子）」（頁 89-90）；(4)第 21 章「鄉治問題」（頁 174-7）。梁並未以田制為主題作系統地探討，而是在提到相關問題時附言幾段或幾句。

　　在這種結構下，我們不容易掌握他對先秦田制的完整看法（他當時並無此意圖），因而也不易對他的說法提出系統性的評論。這是個龐雜的大論題，在此只能在較小的幅度上，就梁在《先秦》內的一些片斷論點，摘引整理出幾個議題，就我們所知道的不同見解，提出對應性的解說與評論。

現在來看梁的切入點。他說：「吾儕所最欲知者，古代田制（或關於應用土地之習慣）變遷之跡何如。」他引用《孟子·滕文公上》的說法：「夏后氏五十而貢，殷人七十而助，周人百畝而徹。」並「認孟子之說為比較的可信」，原因有三：「(1)農耕既興以後，農民對於土地所下之勞力，恆希望其繼續報酬，故不能如獵牧時代土地之純屬公用，必須劃出某處面積屬於某人或某家之使用權。(2)當時地廣人稀，有能耕之人，則必有可耕之田。故每人或每家有專用之田五七十畝乃至百畝，其事為可能。(3)古代部落，各因其俗宜以自然發展，制度斷不能劃一。夏殷周三國，各千年世長其土，自應有其各異之田制。」（頁51）

他所說的三項理由，是印象式的一般論點，不具爭辯性。在此要和他互論的是，他在頁 51-2 對三種田制（夏之貢、殷之助、周之徹）內容的解說。其次，他在頁 55 對「初稅畝」和「用田賦」各寫了一段釋義，內容值得作較深入的評述。以下分四節來評議上述的四個子題：(1)貢；(2)助（附論:助與藉）；(3)徹；(4)初稅畝與用田賦，並用以對比學界對這些論點的認識。

一、貢

先引述梁對「貢」的解說全文：「貢者，人民使用此土地，而將土地所產之利益，輸納其一部分於公家也。據孟子所說，則其特色在"校數歲之中以為常"而立一定額焉。據《禹貢》所記，則其所納農產品之種類，亦因地而殊。所謂"百里賦納總，二百里納銍，

三百里納秸服，四百里粟，五百里米"是也。《禹貢》又將"田"與"賦"各分為九等，而規定其稅率高下。孟子所謂"貢制"，殆兼指此。但此種課稅法，似須土地所有權確立以後始能發生，是否為夏禹時代所曾行，吾不敢言。所敢言者，孟子以前，必已有某時代某國家曾用此制耳。」（頁 52）

梁對「貢」的解說太濃縮，讀者不易充分理解。其實「貢」的賦稅方法，龍子已經講得清楚（龍子曰：「治地莫善於助，莫不善於貢。貢者，校數歲之中以為常。樂歲粒米狼戾，多取之而不為虐，則寡取之；凶年糞其田而不足，則必取盈焉。」〈滕文公上〉）孟子沒有解釋「貢」，可能因為這對當時的人而言是明顯的事。現在一般的了解，以為「貢」是由下呈上，其實由上賜下也可以稱為「貢」。

《爾雅·釋詁》說：「賚、貢、錫、畀、于、貺，賜也。」在〈滕文公上〉內，「貢」與「助」、「徹」相比，大約是較單純的：「上以地賜下，下以農作物呈上。」古時的耕種技術容易耗損地力，貴族以土地賜給民眾，目的是利用民力來開墾土地；可想見除了稅收之外，「貢」還包含土地開墾的用意。然而與「助」、「徹」相比，「貢」顯得較簡陋而無精心規畫的內涵。《孟子·萬章上》篇：「象不得有為於其國，天子使吏治其國，而納其貢稅焉。」在孟子的心目中，似乎比夏還早的舜時就已經有「貢」了。

其實「貢」字出現得並不早，應該不會是夏代的制度，可是在戰國初期普遍將「貢」歸之於夏后氏，例如同時期出現的《禹貢》即是。再說，《禹貢》中的「貢」僅指特產，與普遍徵收的「賦」不同。梁說孟子所謂的「貢制」兼指《禹貢》的「賦」，其實《禹貢》已逐州將「田」與「賦」的等級分好了，哪裡還有《孟子》內

龍子所謂的「"貢"者，校數歲之中以為常」之餘地？戰國時諸家的傳說雜出，如果硬要調停其間，將治絲益棼，不意梁氏亦蹈此弊（詳見齊思和 1948〈孟子井田說辨〉頁 105）。

二、助

梁對「助」的解說是：「孟子釋助字之義云："助者藉也。"其述助制云："方里而井，井九百畝，其中為公田，八家皆私百畝，同養公田。"此或是孟子理想的制度，古代未必能如此整齊畫一，且其制度是否確為殷代所曾行，是否確為殷代所專有，皆不可知。要之古代各種複雜紛歧之土地習慣中，必曾有一種焉。在各區耕地面積內，劃出一部分為"公田"，而藉借人民之力以耕之。此種組織，名之為助，有公田則助之特色也。公田對私田而言，《夏小正》云："初服于公田。"詩云："雨我公田，遂及我私。"（大田）據此則公田之制，為商周間人所習見而共曉矣。土地一部分充公家使用，一分充私家使用；私人即以助耕公田之勞力代租稅，則助之義也。」（頁 52）

梁對「助」的解說並不夠充分，補充如下。孟子在〈滕文公上〉所說的「夏后氏五十而貢，殷人七十而助，周人百畝而徹；其實皆什一也。」其基本用意是為了要配合「民事不可緩也」與「取於民有制」這兩句話。這大概是當時的傳說，未必是古代真正的史實。以下論證孟子在這段話裡，兩個關鍵字（「助」與「徹」）的內涵與意義。孟子說：「徹者，徹也；助者，藉也。」此句內的後一個

「徹」字，應當「治」解，因為在當時那是訓詁上很淺顯的字，所以孟子才用重複字「徹者，徹也」來解釋。而「助」這個字的意思，似乎是氏族社會所留傳下來的共耕制；孟子用「藉」來解釋它，「藉」字同「耤」，是周代具有神聖性的耕田儀式。

據孟子時代儒者的共識：「助」的特點是有公田。可惜由目前的考古資料，很難追究這項共識有多少歷史根據。如果假設在戰國這是普遍的信念，則唯有猜想這是由初民的氏族社會中，[①]一種慣例演變出來的。當初地廣人稀，具優勢的氏族會鼓勵其它氏族的成員為他們耕作，以增加收穫。起先應該是以餘地的使用權，來作為耕作者的酬勞；後來因為人口漸增，可耕地漸少之後，才成為一種「勞力賦稅」。「助」字原先帶有神聖性，這可由《周書·小開武》第 28 顯示：「…順明三極、躬是四察、循用五行、戒視七順、順道九紀。…七順：一順天得時、二順地得助、三順民得和、四順利財足、五順得（德）助明、六順仁無失、七順道有功。」《周書》又稱《逸周書》，其中有極古的材料（例如〈世俘〉）。此段內的「一順天得時、二順地得助、三順民得和…」，值得注意：作者把「時、助、和」這三件事相提並論，可見「助」不應作「輔助」或「助益」解，而應當理解為「由地力所衍生的成果」。

有另一個附帶性的關鍵字意義應澄清。上引〈滕文公上〉內，有一句「其實皆什一也」，其中的「實」字，應作算法中的「被乘

---

② 這裡所謂的「氏族社會」是古史家的慣用語，請參考杜正勝（1992:67-83）。

數」解，與曆法中「歲實」的「實」義近，在此引申為「稅率」，
也符合孟子自己的文意。②

附論：助與藉

　　《孟子·滕文公上》說「助者，藉也」，他用「藉」來解釋「助」。
「助」基本上是殷商時期推行的一種農田耕作制度。「助」似乎是
由氏族社會留傳下來的共耕制，孟子對「助」有相當瞭解，不吝於

---

② 如果照傳統解釋法，「其實」二字相聯成一個單位，作副詞用；而前文的「五十
　而貢」、「七十而助」、「百畝而徹」卻直聯到後面的「皆什一也」。可是，這就意
　味著「貢」、「助」、「徹」本身（而非屬性）「皆」為「什一」。這顯然不合《孟
　子》用語的慣例，應該不會是孟子的用意。《孟子》全書中，「實」字凡見於10
　處：除〈滕文公上〉的「其實皆什一也」一處暫不論外，有三處普通用法：〈梁
　惠王下〉的「而君之倉廩實⋯」為形容詞、〈滕文公下〉的「實玄黃於篚⋯」為
　動詞、〈滕文公下〉的「食實者過半矣⋯」作果實解；其餘六處：〈離婁上〉的
　「仁之實⋯義之實⋯智之實⋯禮之實⋯樂之實⋯」、〈離婁下〉的「言無實⋯不
　祥之實⋯」、〈告子下〉的「先名實者⋯後名實者⋯名實未加於上下⋯」、〈盡心
　上〉的「恭敬而無實⋯」、〈盡心下〉的「充實⋯充實而有光輝⋯」、〈盡心下〉
　的「無受爾汝之實⋯」，都代表抽象觀念。對比之下，將〈滕文公上〉的「其實
　皆什一也」的「實」字，也歸入此一抽象觀念的範疇，於義為長。比起「實」
　字在《論語》中僅出現兩次（〈泰伯〉的「實若虛」、〈子罕〉的「秀而不實」），
　《孟子》以「實」單一個字作抽象觀念用，顯現了此書記述者特有的用語習慣；
　而將「其實」相聯成一個單位，應非《孟子》的本意。顯然領格代名詞「其」
　字代表「貢」、「助」、「徹」諸事，所領的是「實」；而這些「實」皆是「什一」。
　基於以上的分析，猜想「實」代表「稅率」，為一特殊意義，當然是用後來的觀
　念去比附。文中舉「歲實」之「實」作旁證，用意在襯托「實」字的確可以有
　類似用法。

表達他的贊美。除了〈滕文公上〉，他在〈公孫丑上〉也說：「…
耕者，助而不稅，則天下之農，皆悅而願耕於其野矣。」我們現在
無法得知這項說法有哪些史實背景，然而當時人應該聽得懂他的
話，而且還有些同時代的人（例如龍子）支持他對「助」的贊美，
可見這是戰國初期的一種共識。

此外，孟子在〈滕文公下〉引述《禮》曰：「諸侯耕助，以供
粢盛，夫人蠶繅，以為衣服。犧牲不成，粢盛不潔，衣服不備，不
敢以祭。」這裡所引的《禮》，大概是《逸禮》。現存的《禮記・
祭統》有類似的說法，可是文字都不同。孟子並不贊成許行的「與
民並耕而食」，可是孟子引用《禮》，表示他同意其中的說法。他
所引用的「諸侯耕助」云云，大概祇是倡導性的儀式，類似藉禮；
實際的「粢盛」，則為庶民耕作的結果，類似《國語・周語上》的
「庶民終於千畝」。這或許是孟子用「藉」來解釋「助」的原因。

然而，「藉」字的本身意義，並不是孟子討論的主要目標，他
只是用「藉」來襯托「助」的內涵。他雖然用「藉」來解釋「助」，
但並沒有說「殷人七十而藉」。後人往往把「助」與「藉」等同起
來，其實是項大誤解。

「助」字一般都作「幫助」解，這只是引申義，原義反而被晦
隱了。《周書・小開武》第 28 說：「一順天得時、二順地得助…。」
這裡的「助」是在顯示「由地力所衍生的成果」。北魏賈思勰《齊
民要術》卷 1 內引《周書》曰：「神農之時，天雨粟，神農遂耕而
種之。作陶冶斤斧，為耒耜鉏耨，以墾草莽。然後五穀與助，百果
藏實。」朱右曾（1971）《逸周書集訓校釋》（頁 260）認為，這
段話是從已逸的《周書・考德》第 42 引來。《太平御覽》卷 840
（頁 4253）引作：「神農之時，天雨粟，神農耕而種之。作陶冶斤

斧，破木為耒鉏耨，以墾草莽。然後五穀興以助，果蓏之實。」其中的字眼稍有不同，當以較早期的《齊民要術》所引為正。此處的「助」字，顯然有「收成」之意，與「順地得助」相呼應。

再由字源來看。「助」字從「且」從「力」，甲骨文的「力」字，好像是有踏板的尖木棍，是一種相當簡陋的翻土工具；若作動詞用，則表示耕種。「助」由「且」（這是古代的「祖」字）得聲，由其意符「力」，可推斷其初義與耕種有關。「助」字似未出現於甲骨文與金文。〈師虎簋銘文〉有一個從「又」從「且」的字，以往認為是「助」字，新的隸定為「抯」，借作「祖」字用（見全廣鎮 1989《兩周金文通假字研究》頁 103）。然而，另有兩個在「且」字邊，分別加上屬於農具「耒」或「刀」的字，還保留有「耕田而起土」的字義；而「鋤」字則演變成描述另一種起土的方式與工具。另外，「苴」、「葅」與「鉏」字，則有「取黍稷以茅束之以為藉祭」之義。

我們推測「助」字的本義為：耕種收穫並薦於祖廟，以答謝祖先的保佑，類似《周書・嘗麥》第 56 所記：「維四年孟夏，王初祈禱于宗廟，乃嘗麥于大祖。」然而「助」字很早就有「幫助」的引申義，作為「耕」或「耕穫」解的語義，後來大致附在比較新的形聲字上；它的「且」聲符，給了「助」字一點神聖感。當「助」與田賦聯上關係後，與其相關的「莇」與「耡」字，也被賦與井田的「助」義；另一個簡化了的「租」字，則被引申為廣泛的「租稅」之義。

事實上，甲骨文還有幾個象徵耕作的會意字（見許進雄《中國古代社會》頁 111-4）。例如從三個「力」的「劦」字，像是眾人以上述的工具挖土耕作，後來又演變為「協力」的「協」字。「襄」

字像是雙手扶住插入土中之犁，前面有動物拉曳，激起土塵之狀，顯示較進步的耕作方式。還有「耤」字，像是一個人用手扶犁柄，用腳踏犁板以耕作狀；甲骨文此字並不從「昔」，然而因為踏板與另一隻腳的形狀過於複雜，至金文時此部分演變為「昔」字。

　　以上這幾個字在後來的引申義裡，都有「借助」之意。其引申的方向，基本上是表示使用工具而深得助益；然而也有把工具神聖化的傾向，例如「劦」字（有時下面亦從「口」），代表商代後期的一項重要祭典。又如「耤」字與稍後的「藉」字，在周代就演變成帶有神聖性的耕田儀式。「藉」字亦有「祭」的釋義（見《說文》），所以前述的「助」字被神聖化，並不是奇怪的事。後人一方面誤解「藉」字的初始意義，進而又把「藉」與「籍」這兩個字混同起來，這需要釐清。首先，《詩·大雅·韓奕》有「實墉實壑，實畝實藉」。「實」字通「寔」，義為「是」；「藉」字通「耤」，為耕作。「畝」與「藉」皆為動詞，都涉及田功，與稅收無關，因為在《詩》裡根本不必談到課稅這類層次的事。根據阮元《十三經注疏·校勘記》，此詩中出現的「藉」字，是根據宋本的《毛詩注疏》，唐石經小字本也有同說；而閩本系列（包括明監本與毛本）則把「藉」訛為「籍」，所以應該是唐石經本較有依據。

　　另一項常被引用的段落，是《國語·魯語下》的：「…季康子欲以田賦，使冉有訪諸仲尼。仲尼不對，私於冉有曰："求來！女不聞乎？先王制土，藉田以力，而砥其遠邇；賦里以入，而量其有無；任力以夫，而議其老幼；於是乎有鰥寡孤疾。有軍旅之出則徵之，無則已。其歲收：田一井出，稯禾、秉芻、缶米，不是過也。先王以為足。若子季孫欲其法也，則有周公之籍矣；若欲犯法，則

苟而賦，又何訪焉？"」要瞭解這段話，最好與《左傳・哀公十一年》的記載相比：「…季孫欲以田賦，使冉有訪於仲尼，仲尼曰："丘不識也！"三發，卒曰："子為國老，待子而行，若之何子之不言也？"仲尼不對，而私於冉有曰："君子之行也，度於禮。施取其厚、事舉其中、斂從其薄，如是則以丘亦足矣。若不度於禮，而貪冒無厭，則雖以田賦，將又不足。且子季孫若欲行而法，則周公之典在；若欲苟而行，又何訪焉？弗聽。"…十二年春，王正月，用田賦。」也就是說，《國語》內的「周公之籍」，是相當於《左傳》中的「周公之典」，由此也可見「籍」字可當作「典籍」解。

至於「先王制土，藉田以力」中的「藉」字，因為《國語》與《左傳》中相對應的文字相差甚遠，所以意義不夠明確。可是仔細玩味兩處的語氣，《左傳》的「施取其厚」，可能相當於《國語》的「於是乎有鰥寡孤疾」；《左傳》的「事舉其中」，可能相當於《國語》的「藉田以力，而砥其遠邇」。此處的「藉」字還是應該解釋為「耕作」，並不帶有「賦稅」的用意。此句中的「力」是指「民力」，重點在「砥其遠邇」。在「其歲收」之後的那幾句話，才是談到「賦稅」這項問題；如果不這麼解釋，那麼前後句之間會起衝突。③

「藉」字很早就有「借助」的引申義，「藉田」應該是對田地的借助，包括地力與工具這兩個面向，其實這也是從「耕作」引申

---

③ 我們不否認，這兩處的句子不見得完全對應，可是《左傳》與《國語》的兩段話，顯然有同一來源。《左傳》作者在戰國中期採集各種史料，以配合《春秋經》，下筆時當已考訂過。《國語》的各部分雖然是史料，傳承者的謹慎程度反而可能不如《左傳》。《國語》的寫定本大致出現於漢初，且頗為蕪雜，不能排除部分用語受戰國思想的影響。在雙方不符的場合，似乎取《左傳》較為妥當。

得來的。除了訓詁的面向外，這裡還涉及校勘的問題。「藉田以力」的「藉」字，在明金李刊本、日本秦鼎國語定本、董增齡正義本、宋公序《國語補音》裡，皆從「艸」，在天聖明道本裡則從「竹」。「周公之籍」的「籍」字，眾本皆從「竹」，並無例外。由此可見，「藉田以力」的「藉」字以從「艸」為愈（參閱張以仁 1969《國語斠證》頁 175）。

《國語·周語上》還有一大段關鍵性的文字，從「宣王即位，不藉千畝」起，一直到「王師敗績于姜氏之戎」，此段文長不具錄。此篇中有好幾個「藉」字，皆應作「藉禮」或「藉禮所在地」解，這在陳瑞庚（1974）《井田問題重探》內已有充份討論，不再重覆。這裡也有校勘上的問題。全篇內的「藉」字，明金李刊本、日本秦鼎國語定本、宋公序《國語補音》，皆從「艸」；天聖明道本、董增齡正義本則從「竹」。同樣地，此處也是以從「艸」的「藉」字為愈（參閱張以仁 1969《國語斠證》頁 30）。

《左傳》裡還有一些「藉」字，通常都可用「耕作」來解，例如〈昭公十八年〉所載「鄖人藉稻」等。唯〈宣公十五年〉所載：「初稅畝，非禮也。穀出不過藉，以豐財也。」似乎用了引申義。「稅畝」是履畝而稅，不論收成之豐歉，故曰非禮；因為如果這樣濫用下去，對地力就會產生「過藉」（過度借助），如此則非豐財之道。這樣的解釋自然而順暢，似乎比杜注為愈。第 4 節還會回到這個問題上。

統括來看，「耤」本為耕作，後來演變成「耤禮」，凸顯了它的神聖性。後來加上「艸」字頭成為「藉」，「藉」與「耤」完全互通。然而在戰國之前，「藉」或「耤」又發展出「借助」之意。故孟子用「藉」來解釋「助」，取意於這兩個字都由「耕種」而來，

且都有神聖化的傾向。起初「藉」字似乎並不通「籍」，因為「籍」字開始時只是個簡單的形聲字，字義也是圍著「典籍」來引申。但不論是「藉」或是「籍」，開始時都沒有「賦稅」之義。自從戰國「藉」與「助」被等同起來之後，「籍」字因其本義為「典籍」，所以就很容易被聯想成「稅籍」，因此「籍」字就被附上了「賦稅」的釋義。④在《正義》中，亦用「助法」來解釋「實畝實藉」，這就更造成了偏差。漢代之後，因為井田說已深入人心，再加上「藉」與「籍」兩字也漸通用，因此在後世的引文中二字往往錯出。我們現在祇能根據較早的版本，來分析其演變趨勢，並逆推這兩個字的原義。⑤

三、徹

梁對徹的見解較無把握：「《詩》"徹田為糧"（公劉）所詠為公劉時事，似周人當夏商時已行徹制。徹法如何，孟子無說，但彼又言"文王治岐耕者九一"，意謂耕者之所入九分而取其一，殆即所謂徹也。孟子此言，當非杜撰，蓋徵諸《論語》所記："哀公問有

---

④ 可惜現在的證據很難確定，「藉」與「助」在戰國的哪一段被視為同一意義，因此無法確定「藉」或「籍」何時取得賦稅的釋義。對於上一段「過藉」與前面「藉田以力」的詮釋，我們祇能站在最嚴格的立場，假設「藉」字當時還沒有賦稅的釋義，看看能不能講得通？會不會有矛盾？若此假設鬆弛，應該不會影響最後的結論。

⑤ 請參閱楊寬（1999）《西周史》第2篇第4章"「藉禮」新探"，對「藉」、「耤」、「助」、「租」的解說；另見錢穆（1932:408-26）對「貢」、「徹」、「助」的見解。

若曰：「年饑用不足，如之何？」有若對曰：「盍徹乎？」公曰：「二吾猶不足，如之何其徹也？」…。"可見徹確為九分或十分而取其一。魯哀公時已倍取之，故曰 "二吾猶不足"。二對一言也。觀哀公有若問答之直捷，可知徹制之內容，在春秋時尚人人能了。今則書闕有間，其與貢助不同之點安在，竟無從知之。《國語》記："季康子欲以田賦，使冉有訪諸仲尼，仲尼不對。私於冉有曰：…先王制土，藉田以力，而砥其遠近。…若子季孫欲其法也，則有周公之籍矣。"（魯語）藉田以力則似助，砥其遠近則似貢，此所說若即徹法，則似貢助混合之制也。此法周人在邠岐時，蓋習行之，其克商有天下之後，是否繼續，吾未敢言。」（《先秦》頁52-3）

我們對「徹」的看法如下。孟子用重複字「徹者，徹也」來解釋「徹」字，乍看之下似乎是同字互解，其實不然，值得進一步考察。「徹」字的甲骨文無「彳」字邊，而從「鬲」從「攵」，這是一個以手治陶器的會意字，可訓為「治」。此字後來加上各種偏旁，產生出不同的引申意義，例如加「手」成「撤」，訓「取」；加「彳」成「徹」，訓「通達」；加「車」成「轍」，訓「車跡」；加「水」成「澈」，訓「澄」。其它較罕用的字可略過不談。從這四個例子來看，都指涉到「用人力對自然物加工所得到的效應」。春秋戰國時期諸字分化未久，常可互通；尤其是「徹」字，還保留有原來未加「彳」邊而從「育」從「攵」那個字的意義，最通行作「整治」解。

以《詩經》為例，《大雅·公劉》有「徹田為糧」、《大雅·江漢》有「徹我疆土」、《大雅·崧高》有「徹申伯土田」與「徹申伯土疆」。在此四處，《毛傳》皆以「治」來解釋「徹」，文意清楚自然。此外，《豳風·鴟鴞》有「徹彼桑土，綢繆牖戶」，《小

雅・十月之交》有「徹我場屋」與「天命不徹」，《小雅・楚茨》有「廢徹不遲」。在〈鴟鴞〉中，《毛傳》雖以「取」釋「徹」，但仍以「治」最為合理，因為〈鴟鴞〉全詩仿鳥呼冤，鳥在失去雛鳥後，要趁天晴趕緊修補鳥巢。桑枝與泥土在鳥的眼中都是原料，需要加工才可「綢繆牖戶」，可見仍應解釋為「治」。至於〈十月之交〉內的兩個「徹」字，一般人常將「徹我場屋」的「徹」解作「毀壞」，其實仍有整治加工之意；「天命不徹」的「徹」，一般解作「道」或「均」，其實應通「澈」（訓「澄」）。還有，〈楚茨〉中「廢徹不遲」的「徹」可通「撤」，學者間大致無異言。

現在回過頭來看「徹者，徹也」的後一個「徹」字。如果訓為「取」或訓為「通」，那孟子應該說「徹者，取也」或「徹者，通也」，豈不更明白？因為「取」或「通」在《孟子》中都是常用的字眼，例如〈滕文公上〉的「取於民有制」與〈滕文公下〉的「子不通功易事」。然而孟子為甚麼不直講「徹者，治也」呢？因為「治」字在《孟子》裏也是個常用字。在孟子的時代，「治」可用於治天下、治國、治人、治水、治政、治事，例如〈梁惠王下〉的「士師不能治士」、〈公孫丑下〉的「既或治之」、〈滕文公上〉的「門人治任將歸」、〈萬章上〉的「二嫂使治朕棲」等等。就算是龍子說「治地莫善於助」，也還衹是「治地之政」。這些當作動詞用的「治」，都有「管理」之意。〈告子下〉的「土地辟，田野治」中，當作形容詞用的「治」字，也有「管理良善」之意。

我們找不到一個例子，是把「治」當作開墾或耕種農田解的。最顯著的兩個例子，是〈滕文公上〉的「以百畝之不易為己憂者」，與〈盡心上〉的「易其田疇」。這兩句話都有能用「治」字表達的地方，而在《孟子》卻都用「易」字替代，那麼是否可用「易」來

訓「徹」呢？按「易」通「剔」，又借作「狄」，由此間接獲得「治」的意義。在孟子的時代這也許是尋常的用法，但卻不宜用來作為對名詞的解釋，因為太紆曲了。還不如直接用「徹」字為愈，因為《詩經》中最古老的〈鴟鴞〉與稍後的〈大雅〉三篇中，所用的「徹」字都應該作「對自然物的加工整治」解。

至於「徹者，徹也」的前一個「徹」字，一方面涉及稅制，另一方面也包括土地的墾殖與整治。所謂的整治，或許就含有封疆與溝洫的建構。在人少地多時，「經界」不是大問題；當耕作技術進步到一定程度，農田的灌溉、排水、對野生動物以及他族侵犯的防護，都需要相當的土工作業，這些都包含在「徹」的涵義內。

至於在稅制方面的涵義，可以從《論語・顏淵》內，有若對哀公之問的回答來理解。他說「盍徹乎」，這顯示「徹」至少在魯或在周實行過。孟子認為徹的稅率是什一，這可以從哀公的懷疑語「二，吾猶不足，如之何其徹也？」得到一些支持。但徹稅的具體方法在〈滕文公上〉並沒有交待，這件事可以在另一處找尋答案。孟子在〈梁惠王下〉內回答齊宣王：「文王之治岐也，耕者九一，仕者世祿。」這個回答涉及孟子所相信的周初制度。如果孟子的「請野九一而助」，僅是在替滕國作規畫時的說法，那麼他對齊宣王的回答應該是「徹」而非「助」。「耕者九一」如與「仕者世祿」相較，其重點應在「耕者」而非文王。要把這句話講通，[6]唯一的可

---

⑥ 因為〈滕文公上〉的「其實皆什一也」講得太斬釘截鐵。如果孟子真的看過某些資料，說當文王治岐時的稅率為九中取一，則他在懷疑「雖周亦助」時就應該引為證據，而不會勉強引《詩經・小雅・大田》為說。我們認為這項可能性應可排除。

能是耕者與文王雙方，對耕作的成果作九一分配：耕者取九，文王取一。這可能就是「徹」的方法。

四、「初稅畝」與「用田賦」

梁對初稅畝的見解是：「《春秋》宣十五年，"初稅畝"。《左傳》云：初稅畝，非禮也。穀出不過藉，以豐財也。《公羊傳》云：……譏始屨〔履〕畝而稅也，何譏乎始屨〔履〕畝而稅，古者什一而藉，……。後儒多解初稅畝為初壞井田，似是而實非也。古代之課於田者，皆以其地力所產比例而課之，無論田之井不井皆如是。除此外別無課也。稅畝者，除課地力所產外又增一稅目以課地之本身（即英語所謂 Land Tax）。不管有無所產，專以畝為計算單位。有一畝稅一畝，故曰屨〔履〕畝而稅。魯國當時何故行此制，以吾度之，蓋前此所課地力產品以供國用者。今地既變為私人食邑，此部分之收入，已為"食"之者所得。食邑愈多，國家收入愈蝕，乃別立屨〔履〕畝而稅之一稅源以補之。"稅畝"以後，農民乃由一重負擔而變為兩重負擔，是以春秋譏之也。」（《先秦》頁 55）[7]

梁對用田賦的解說是：「《春秋》哀十二年，"用田賦"。後儒或又以為破壞井田之始。井田有無且勿論，藉如彼輩說，宣十五年已破壞矣，又何物再供數十年後之破壞？今置是說，專言"稅畝"與"田賦"之區別。賦者，"出車徒供徭役"，即孟子所謂"力役之征"也。初時為本屬人的課稅，其性質略如漢之"口算"、唐宋以來之"丁役"。

---

[7] 梁將「履」字誤為「屨」字。「履畝而稅」即「計畝而稅」，「屨」字並不能通用。

哀公時之用田賦，殆將此項課稅加徵於田畝中，略如清初"一條鞭"之制。此制行而田乃有三重負擔矣，此民之所以日困也。」（《先秦》頁 55）

我們對這兩件事的綜合見解如下。「貢、助、徹」之法，到孟子時祇剩下傳說，而這些傳說是那個時代所能認同的。尤其是什一的徵稅率，當時的仁人志士認為是保民的最重要措施，甚至還有人主張要比什一還少。〈告子下〉記載白圭的話：「吾欲二十而取一，何如？」孟子雖然駁斥這一點，但也可以顯示當時的見解。這項傳說大概不會毫無根據，可是這些根據有多可靠呢？從《左傳》所記載的後世議論可以瞭解到，至少在西周時期，已經沒有普遍適用於整個周天下的統一稅制。《左傳·定公四年》記載，分封魯衛時「皆啟以商政，疆以周索」，而分封唐叔時，則「啟以夏政，疆以戎索」，可見一開始就沒有統一稅制的規畫。後儒用天下大一統的觀念，去揣摩三代的事，會產生大誤解。

其實孟子對這些傳說的細節也不太能掌握，他一方面大談「夏后氏五十而貢，殷人七十而助，周人百畝而徹」、「惟助為有公田」，似乎看過一些可靠資料。另一方面，他誤解了《詩經·小雅·大田》的「雨我公田，遂及我私」這句話，懷疑可能「雖周亦助也」。我們現在瞭解，「雨我公田」的「公田」，指的是「貴族的田地」，不是孟子心目中「惟助為有公田」內「八家共同貢獻勞力」的「公田」（陳瑞庚 1974 有詳細的分析）。從此處也可看出，孟子對這些資料的解釋有揣測的成份。

若用分析的眼光來看「助」法，這種以耕作勞役來代替稅收的辦法，如果能受到孟子及其同時代人士的傳頌，可能是有些根據。在人口不太密集、耕作工具與技術初始開展、交易性通貨稀少、人

力還是主要生產力時，有可能出現這種「助」法。不過這和孟子心目中的「雖周亦助」顯然有別，所以我們還得要從戰國初期的歷史背景，來探尋孟子思想的來源。

春秋時期的租稅，其實都還相當重，絕不止什一。《左傳・昭公三年》晏子批評齊景公：「民參其力，二入於公，而衣食其一。公聚朽蠹，而三老凍餒。」這是大國的聚斂，小國則為籌措對大國的貢獻而疲於奔命，這可從《左傳・襄公三十一年》子產對晉所發的牢騷見其困境：「…誅求無時，是以不敢寧居，悉索敝賦…。」此外還有力役，例如《詩經・唐風・鴇羽》就抱怨：「王事靡盬，不能蓺稷黍，父母何怙。」針對這些情況，《孟子・盡心下》提出他的看法：「有布縷之征、粟米之征、力役之征。君子用其一，緩其二。用其二，而民有餓殍。用其三，而父子離。」孟子想要提倡什一之稅以紓民困，所以需要找例證來說服當時的君主，他把這些例證附會在三代的始創者身上，也是可以理解的。但這種「附會」很可能也不是源自孟子，他祇是接受戰國初期廣為流傳的歷史故事而已。

春秋末期的魯國，人民的負擔絕不比子產時期的鄭國來得輕。三桓聚斂於上，此外還得應付「盟主國」（先是晉楚，後來又加上吳越）的誅求。「初稅畝」與「用田賦」就是對民力的重重榨取。《春秋》對魯國的秕政，在可能的範圍內總是「為尊者諱」，到了形諸簡策就相當嚴重了。前面的〈附論：助與藉〉中，討論過《左傳》內「穀出不過藉，以豐財也」的意義。「過藉」的結果，首先是地力大耗，繼而農民收成更歉；隨後農民被都市吸引，農村失血

導致缺糧。到戰國時各學派紛紛提出解決方案，孟子所提的「仁政」就是其中之一。

　　幾乎到每一朝代的季世，統治者就會奢侈，稅收會加重。三代創始時期，在天災或戰亂之後，往往地廣人稀，亟需人民開墾荒地。傳說中的貢、助、徹之法，起初都像是招徠農民墾荒的獎勵辦法，[8]稅率當然不會高。這些辦法傳到孟子的時代，就被歆羨為典型的「仁政」。實則大亂之後易於為治，日久人口增加一定會有新問題產生。孟子替滕文公所策畫的助法，作為短期的紓困方案或許會有一時之效，長久之後也一定會有問題。有許多實際上的問題，例如耕牛由誰供應、鐵製農具由誰維護等等，必然都有待解決，也有可能會造成大困擾。滕文公的壽命不長（詳見第 5 節末），滕國在不久之後就被征服，所以這些問題沒有機會浮現。後來的《周官》不取用公田的辦法，可能就已經考慮到這些複雜問題的困擾。

　　大致說來，梁對「初稅畝」的瞭解還算正確，祇是他對實際的稅負還低估了一些。春秋末期，魯國人民所受的榨取，恐非「食邑愈多，國家收入愈蝕」所能完全解釋。即使不講個別的聚斂，單看魯君對晉楚的貢獻、魯國卿大夫對晉楚卿大夫的賄賂，這些財貨從哪裡來？還不是對人民「悉索敝賦」嗎？他對「用田賦」的瞭解，也有同樣的弊病。「用田賦」以前的「力役之征」，後來似未因「加徵於田畝中」而免除，否則孟子也不會那樣講了。梁似乎忽略了孔

---

⑧ 傳說越久，變形就越多。「貢」制到孟子的時代，所賸的內容已不多。「助」制所留下來的，祇是「有公田」的內涵與「對地力倚賴」的神聖感。「徹」制的時間比較近，還保存不少「墾田」的原意。

子所說「有軍旅之出則徵之，無則已」的用意。「賦」從「武」，
原為非常時期的「軍旅之徵」，後來則連平日也「用」了。

附錄 2
朝鮮的箕田

　　主張井田論存在者有個心態上的困境：無法從文獻上和考古上提出堅實可靠的證據，來反駁井田制不存在論者。他們自然會想到另一種方法：在歷史上找尋各文明田制中與井田類似者，來支持說井田這類的概念是普世的，既是普世的田制，所以中國古代有井田制，也就不是值得懷疑的事。他們舉過德國、斯拉夫、墨西哥、秘魯等國的實例（見徐喜辰 1982《井田制度研究》頁 37-40），但這些例子都只是從馬列主義的書上引述，對個案的具體內容所知有限，所以自覺說服力不夠。於是他們找到兩個與中國鄰近的例子，一是高麗（朝鮮）平壤城的箕田圖，說這就是受到井田制影響的遺跡。另一個例子是研究少數民族西雙版納傣族的份地制，說這種田制與西周的井田制是相通的。附錄 2 和附錄 3 評論這兩種見解，認為都是強比硬附之論。若井田制不是先秦時期所特有的制度，那麼井田制就無獨特性可言；要證明自己有井田制，竟然需要繞這麼大個圈子，轉這麼大的彎，用這麼間接的手法嗎？

　　持高麗行井田制者的證據，只有一頁的〈箕田圖〉（參見圖3）。高麗久菴韓百謙為此圖寫一小篇〈箕田說〉，說他是在丁未年秋天到平壤（大同江畔）「始見箕田遺制，阡陌皆存，整然不亂，古聖人經理區畫之意，猶可想見於千載之下。」如果他所說的丁未年是乾隆 52 年（1787），那這就是清初的高麗井田圖，但我們不確知他所說的丁未年，是否有更早的可能。

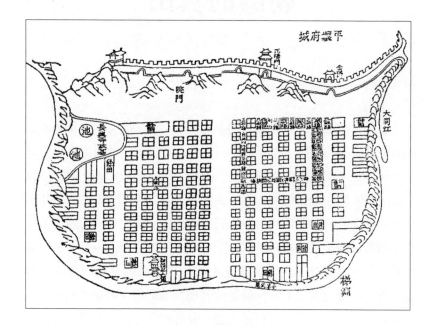

圖 3 朝鮮的箕田

資料來源：（清高麗）韓百謙〈箕田考〉，《叢書集成新編》第 26 冊。

箕田圖與〈箕田說〉之後還附有三篇短文：(1)西坰柳根寫的〈箕田圖說後語〉；(2)岳麓許筬寫的〈書箕田圖說後〉；(3)星湖李瀷寫的〈箕田續說〉。這四篇文章和箕田圖合起來一共兩頁，合稱為《箕田考》，重印在《叢書集成新編》第 26 冊頁 669-71。首頁的封面，記載此書是韓百謙著，驪江李家煥、完山李義駿輯。此外有一段五行的跋，是道光丁酉（17 年，1837）春三月，海昌蔣光煦所撰。他說：「昔武王封箕子于朝鮮，箕子教以禮義田蠶，…其即此井田之法與箕子，…當時助法盡廢，而是圖尚存其制，殷先王之遺澤長矣。考古者覽是圖及後說，可以得所參稽焉。富陽董文恭家藏有朝鮮箕田考槧本，因假得影鈔而重刊之。」

這段話告訴我們：〈箕田圖〉和所附的四篇文章，是 1837 年影鈔重刊的，但此圖和四篇文章作於何時，則尚不確知。我們在此假設，此圖和四篇文章都作於清初乾隆時期，也推論此圖和四篇文章的作者都是朝鮮人。接下來要評論這四篇文章的內容，然後申論不可僅憑此圖，就推證朝鮮也實行過井田制。

韓百謙〈箕田說〉的開頭先說：「井田之制，先儒論之詳矣。然其說皆以《孟子》為宗，故特詳於周室之制，而於夏殷則有未徵焉。朱子之論助法，亦出於推測臆料，而未有參考互證之說；則其果悉合於當時制作之意，有不可得以知者。好古之士，蓋竊病焉。」接下來，他說明丁未年秋到平壤看到「箕田遺制」，但「就其地諦審之，其山形畝法，與孟子所論井字之制，有不同者焉。…其制皆為田字形，田有四區，區皆七十畝。大路之內，橫計之，有四田八區；豎計之，亦有四田八區。八八六十四，井井方方，此蓋殷制也。」這幾句話顯示：(1)箕田是「田字形」而非「井字形」；(2)作者感覺上與孟子所論者不相同；(3)作者說先儒對井田之說，「特詳於周室

之制，而於夏殷則有未徵焉。」但他又肯定地說，「井井方方，此蓋殷制也。」不知他是如何推論得知的。

此文共 25 行，主要的內容是在：(1)描述中國古書內對井田制的各種說法；(2)引用《漢書·刑法志》內對井田制的描述；(3)說明殷代田制的特色；(4)「制田既非井字之形，則與孟子所謂中有公田，八家皆私百畝之制，已逕庭矣。」(5)感嘆先儒「慨然以挽回三代為己任，收拾殘經，討論遺制，殆無所不用其至，而猶有懸空歎，未得歸一之論。倘使當時足此地（指平壤城），目此制（指箕田制），則其說先王制作之意，想必如指諸掌矣。而惜乎其未見也，因記其所見，以求正於知者元。」他的基本意思是：倘若持井田說的諸儒有機會見到箕田（圖），就可以對井田制有更確切的理解。

其後的三篇文章，基本的意思大致相似，都在重述古書中對井田制的描述，感歎「若使朱夫子（朱熹）見此圖，當復以為何如？」「是必古制，而惜乎朱子未之見也。」這四篇文字的共同訴求是：周武王封箕子於朝鮮，「平壤之田乃箕子因殷之舊，而特略變其制為耳。」

徐中舒（1944）〈井田制度探原〉頁 150-3 對箕田也作了描述，但他的見解不同。「此時（清乾隆時）去箕子二千餘年，如其以為箕子所遺，不如認為東北部族中屢代相傳之舊制。薩英額《吉林外記》卷二〈疆域形勝下〉載嘉慶時雙城堡之開墾後情形云："…計人授畝，有古井田遺風，設協領等官督耕，並資彈壓。"…清人為八旗生計籌謀計口授田，其情事正與封建社會無殊。…蓋土曠人稀平坦衍沃之地，計口授田雖以盡分豆腐干塊為最宜，而其間地近俗同，亦不必盡屬不謀而合也。」

　　徐中舒的見解甚是：平壤的箕田自有其特殊的地理與環境條件，完全沒必要也不應該把「田字田」比附為傳說中的華北井田。徐喜辰（1982）《井田制度研究》頁 37 甚至還說：「可見，這種箕田也是一種公社所有制。」對這種偏執之見，我們只能說：公社制在他心中是無所不在的。

　　另一項疑惑是：如果從戰國時代之後就無井田制，為何兩千年後在清乾隆時期的朝鮮，反而能見到傳說中的井田？如果乾隆時期的朝鮮有井田制，為何沒聽過韓國學者談論朝鮮的井田制？這不是井田存在論者最急切需要的旁證嗎？井田論者總不能看到外國的四方形田地規劃，就立刻聯想到中國的井田制；唐代長安城是棋盤式的格局，總不能因而就稱之為「井城」吧？

附錄 3
西雙版納的份地制

1

　　馬曜、繆鸞和《西雙版納份地制與西周井田制比較研究》於 1989 年出版後，得到許多歷史學者的討論，有人注意到古代歷史的問題，有人注意到奴隸制問題、公社問題、井田有無問題。熱烈反應的主要理由，是本書「用中國境內的民族調查材料較之用摩爾根《古代社會》來印證中國歷史更科學，更可信！」（頁 420）「在研究方法上，作者繼承發展了王國維在古史研究中應用的考古資料與文獻資料相結合的"二重證據法"，進一步與民族學研究相結合，形成"三重證據法"。」（朱家楨「再版序」頁 11）朱家楨覺得此書有史學上的價值，建議作者馬曜修訂再版（另一作者繆鸞和已於 1979 年 6 月逝世，見頁 412），但馬先生「以望九之年，視力嚴重下降，將全書修訂工作委託家楨兄，承復信慨允協助。」（頁 426）

　　此書的寫作過程與學界的討論，在徐中舒的「初版序」（1984
年10月）、朱家楨的「再版序」（2000年春節）、書末的「後記」
（1986年4月）和「再版後記」（2000年3月）中，有大篇幅的
記述與解說。作者根據多年在雲南從事民族調查的豐富成果，從西
雙版納傣族社會的分析，來比較西周社會史，對古代史的奴隸制和
封建制分期問題中的西周封建說，進行全面的論證。他們發現：「西
雙版納的封建領主社會，…既不同于秦漢以後中原地區的封建地主
經濟形態，又不同于歐洲中世紀的農奴制度，而是類似西周至春秋
時期的建立在農村公社基礎之上的封建井田制。…用西雙版納傣族
社會的封建領主制去類比，大概近似，頗為順理成章。」（徐中舒
「序」頁3）

　　朱家楨在「再版序」頁11說本書：「將傣族社會的封建領主
制經濟與3000年前西周社會的封建領主制經濟進行比較研究，就
顯得十分自然而無扞格之感。通過對兩者的一系列比較研究，解讀
了我國二千多年來的“井田之謎”的歷史懸案。從而在根本上為解決
我國古代歷史分期，找到了鑰匙。就這一點而言，它與摩爾根《古
代社會》一書，通過北美印第安人部落的研究，“找到了一把解開
古代希臘羅馬和德意志歷史上那些極為重要而至今尚未解決的啞
謎的鑰匙”，有相似的重要意義。」也就是說，「在方法方面，本
書是一部系統的從我國某些少數民族地區現存的社會形態的“活化
石”中（，）去追尋已經消失了的古史面目的著作。」（頁426，再
版後記，引述朱家楨的見解）

　　馬曜在「初版後記」頁414-6中說：「把西雙版納份地制和西
周井田制進行比較之後，我們發現它們之間在哪些基本點上相似甚

至相同呢？第一，政治上的統治權與經濟上的土地所有權合為一體。…第二，西雙版納的封建份地是建立在土地"集體所有，私人占有"的農村公社基礎之上的。…第三，西雙版納的領主直屬土地和西周的"公田"，均實行由農奴無償代耕即"同養公田"的勞役地租制度，地租和剩餘價值是一致的；…第四，西雙版納的直接生產者有三類：一類是已經下降為農奴的農村公社自由農民，稱為 "傣勐"，很像西周的"民"、"眾"、"庶人"；一類是由家內奴隸轉化而來的隸農和農奴，稱為"滾很召"，很像西周的"臣"、"妾"；還有一類是人數很少的從貴族支裔分化出來的自由農民，稱為"魯那道叭"或"召慶"，很像西周的"士"。」

　　整體而言，本書的優點是作者對西雙版納的實況有豐富的知識，對西周的歷史文獻也有相當的掌握，經過長年的深思熟慮，寫出引人注目的力作。但如同作者在「初版後記」頁 414 所說：「在我們接到的讀者的來信中，較多地反映我們對西雙版納和西周封建領主制的諸特徵進行對比研究時，有求同多而存異少而取其所需之嫌。」也就是說，作者為了「求同」，未能顧慮到取樣的完整性，對雙方存在的差異性沒有深入探索，或甚至視而不見。

　　閱讀此書讓人感覺在知識上有所收穫，但從「井田說」的觀點來看，這種「現代田野 vs.古史文獻」的取徑，可信度有多高呢？摩爾根的《古代社會》，被馬克思和恩格斯譽為「找到一把鑰匙之作」（透過北美印第安人的研究，來解開古代希臘羅馬的啞謎），馬曜和繆鸞和的書，也是一把可以透過西雙版納的研究，來解開西周「井田辨」之謎的鑰匙嗎？

　　1950 年代之後在大陸出版的井田說著作中，有些流於過度主觀的認定，有些過度權威地援引馬列學說，有些過度執著在奴隸制、

公社說內打轉，這些研究的說服力通常不高。馬曜、繆鸞和的探討方式，在架構上也是幾乎毫無批判地接受馬列的「亞細亞生產方式」模式。他們先用這套架構（農村公社、封建領主）去分析西雙版納的份地制，再用同一套手法分析西周的井田制，這種手法等於是在給要做對比的雙方，先做了數學上的「通分」，然後再比較雙方的異同。這麼做的結果，是從一開頭就可以預測的：雙方的相似性必然遠多於相異性，否則從一開始就不可能做「通分」了。

他們的著作有幾項優點：邏輯清晰，脈絡分明，文字通暢。如果讀者一開頭就接受他們的基本命題和方法論，那幾乎就無法跳脫出他們的論述體系，只能逐一接受一連串的相關論點。從這個角度來看，他們的寫作策略是成功的，論點大都相當有力，所需要的支撐證據也相當充足，所以如果要和他們在細節上爭辯，必然會陷入預設架構的漩渦內而無法拔離。如果想要和他們爭辯，那就必須從觀念上的差誤上切入。

這本四百多頁的書中，可以討論和爭辯的題材很多。在篇幅的限制下，我從頁149挑出一段較核心的論點當作代表，說明作者對「封建」的理解是混淆的。「西雙版納傣族社會的性質，經過幾次社會調查，確定為封建農奴社會或封建領主社會，…通過調查和土改實踐證明：西雙版納的封建制度，既不同于秦漢以來的內地漢族地區的封建制度，也不同于歐洲中世紀的封建制度。如用學術語來概括，它是具有"土地王有"的性質的、建立在"東方公社"（亞細亞所有制）基礎之上的封建制度份地制度。在西雙版納，農民份地與領主直屬土地分開，實行農民代耕領主直屬土地的勞役地租制度，類似西周的井田制。」這段話裡有不少觀念上的混淆與過度的類

比，為了讓議題清晰化，我只取杜正勝（1979）《周代城邦》內的「自序」（頁 5-17），來反駁以上的引述。

「"封建"一語，古有典據，所謂"封建親戚，以蕃屏周"（鄭富辰語），…唯近來論史者，每每將周代"封建"與中古西歐"封建制"（英文作 feudualism，…）混淆，而且馳騁傅會，以致迷失二者的本質差異。…推究西歐"封建制"的本質。根本上它是一種特殊形式的社會關係，…不論有無血緣，某甲向某乙行臣屬禮（homage），宣誓對乙輸誠盡忠（fealty），某乙答應在某甲盡其責任的時期內也保衛他，於是兩人間便建立封建的鎖帶，某乙成為某甲的領主（lord），某甲相對地成為某乙的陪臣（vassal）。這種人際關係的形成是人為的，基本骨架是社會性的。…又由於輸誠盡忠，陪臣從領主獲得租地（beneficium），有土、有民、有財，於是封建又成為一種特殊形態的經濟剝削方式。這種經濟制度另有適當的名目，英文作 manor，法文作 seigneurie，…於是社會、政治和經濟三者運作起來，不可割裂，大家便以"封建"含攝"莊園"了。」（頁 5-6）

「西周以前的社會因史料殘闕太甚，今日還不能有公允之見，唯單就搏造東西"封建"社會的"緣"而言，西歐遭受侵略，周人向外擴張，二者性質乖異，（西周的）"封建親戚"是不宜比之於 feudalism 的。…故知西歐"封建"起，而親親之義的氏族廢；後天臣屬的人際關係行，而先天血緣連鎖的氏族社會功能消。衡之我國西周的"封建親戚，以蕃屏封"，實在一南轅、一北轍也。…至於西歐"封建"社會下的采邑或莊園也不能和中國城邦時代的村落共同體比論。…故英格蘭的莊園制和西歐"封建制"一樣，根本與血緣氏族關係不相容，欲求西周以下五百年基層社會的氏族連繫是貌不可得的。」（頁 9-13）

「論（西歐封建制）其與中國封建之大別，則西歐"封建"產生在羅馬帝國衰亡之後，中國城邦時代的封建是周人武裝殖民勢力伸張的結果。前者因"封建"而建立人為關係，結束傳統氏族連鎖，後者卻努力維護民族社會的某些制度和精神。所以封建、莊園、武士、輪耕制等等，大抵同名異指。…本書認為周人封建的本質是武裝殖民，這是一番艱苦而持久的奮鬥歷程，…周人新為天下共主時，已有無數大小不一的方國或農莊共同體生息在中國土地上了。…此外成千數百個同盟國或非同盟國，不在封建之數，依然過著相當獨立自主的生活。所謂"封建親戚，以蕃屏周"，不外是武裝殖民，鎮壓和羈縻傳統古國而已，…所以周初"封建"是順應歷史時勢，承認同盟或非同盟的古國，新建立的親戚子弟只好說是武裝拓殖，這纔近於歷史真象。」（頁 14-7）

上面長引的段落明白告訴我們：西周的封建制與西歐的封建制，在本質上以及歷史發展過程上，是完全不相同的事（同名異指）。針對這個關鍵問題，馬曜和繆鸞和說：「西雙版納傣族社會的性質，經過幾次社會調查，確定為封建農奴或封建領主社會，…」我要請問：西雙版納的封建制，在本質上是接近西周還是西歐？他們回答說：「通過調查和土改實踐證明：西雙版納的封建制度，既不同于秦漢以來的內地漢族地區的封建制度，…」請問：自從秦漢行郡縣之後，漢族還有封建制度嗎？他們又說：「也不同于歐洲中世紀的封建制度。」是的，這一點完全同意。他們接下來說：「在西雙版納，農民份地與領主直屬土地分開，實行農民代耕領主直屬土地的勞役地租制度，類似西周的井田制。」大家都知道西周的井田制（如果它真的存在過的話），是西周封建度之下的田制，這種

類比等於是在說：西雙版納也有和西周一樣的封建制度。可能嗎？西雙版納也有「天子建國，諸侯立家」、「封諸侯，建同姓」、「封建親戚，以蕃屏周」、「聚土植木以為封」嗎？也有「武裝殖民」、「武裝拓殖」的過程嗎？

　　事情到此已經明白不過了：西雙版納如果有封建領主制的話，那絕對和西周的封建制是兩回事；既然兩者的社會、政治、經濟、文化屬性都大不相同，我們就很難接受說：西雙版納的份地制，類似西周的井田制。

　　這就引發一個「獨特性」的問題：如果井田制不是中國所獨有，那為什麼還要做特別的探討？不如乾脆對比中國、歐洲和其他古文明的「井田制」？中國的井田制如果存在過，它的特點是因為和封建的政治、社會、賦稅結構相結合，才具有它的獨特性，這不會是歐洲、其他古文明、原始部落也都有的制度。徐中舒(1955)〈試論周代田制及其社會性質：並批判胡適井田辨觀點和方法的錯誤〉頁62 說：「…井田，只是適合古中國東方低地的田制，不是普遍存在的。」

　　以上是對全書基本立論的反駁，以下轉談較技術性的問題。我只舉個例子來說作者對古代史文獻的理解問題。在頁 274 他們引用《國語・齊語》內的一句話說：「井田疇均，則民不憾。」他們解釋說：「井田疇均，就是說井田與井田相均等。」這是完全的誤解。原句是：「陸阜陵墐井田疇均，則民不憾。」其實「陸阜陵墐井田疇」這七個字，應視為七件事物，每個字的中間應加個頓號來區隔，「井田」這兩個字應讀成「井、田」。如果「井、田」兩字可以連讀成一個詞，則此七字應如何解讀？如果「井、田」可以連讀，那麼之後的「疇均」是否也要連讀？若連讀為「井田」，則田地的分

配已經平均，何必在此句的最後加個「均」字？簡言之，此句的井與田應該分讀，與井田制無關。

接下來舉一個例子，說明他們對古代文獻的引用問題，那就是毫無批判地引用《周官》。《周官》是主張井田存在論者最常引用的文獻，馬曜和繆鸞和在全書中也廣泛地引用此書，以頁 161-2 為例，他們引《周官・小司徒》內的「九夫為井，四井為邑，四邑為丘，四丘為甸。」，說「這是關于周代後期基層組織的一條記載。其作用是："以任地事而令貢賦，凡稅斂之事。"…這和《孟子》所說的井田制，同樣可以作為《詩》"雨我公田，遂及我私"的注釋。」

其實錢穆早在 1932 年的〈《周官》著作時代考〉，就指出不宜用《周官》來解說井田。在這篇長文的頁 462-3，錢穆證明「《周官》乃戰國晚年書，已無可疑。…井田本隨封建而來，…而《周官》書中，卻從井田上來造成封建，先後倒置，顯見非史實記錄。…而《周官》說來愈細，乃愈見其為晚出耳。」

錢穆在頁 465 推斷說：「井田本只是在封建制度下自然形成的一些散亂的現象。而《周官》著者卻從"九夫為井"上，推定出五等封爵的規模來，成一嚴密整齊的系統。此乃一種數字遊戲，僅可在紙上劃分。好像天下早已一縱一橫、千夫萬夫地盡劃成一方方的"井"字，然後再在那些井字上分建五等封爵，造成都、鄙、縣、邑，求之實地，尋之實事，何能有此？後世一輩儒者，紛紛從《周官》、《孟子》、《王制》諸書精密討論，嚴切剖辨，實可不必耳。」如果錢穆的見解可以接受，那麼馬曜、繆鸞和屢屢引用《周官》的地方，就必須打上問號了。（參見侯家駒(1987)《周禮研究》頁 348-9 批評《周禮》對井田制的規定不合常理。）

最後說三項小批評：(1)他們的書內並未引用錢穆這篇關鍵的文章，有不少談論井田制的重要文章他們也都未引述。(2)否定井田存在論的文獻，他們幾乎都忽視了。(3)他們對馬克思與恩格斯的著作，幾乎是毫無批評地全盤接受，全書到處都在引用，甚至是跨頁地長篇大引。例如頁 328-34 這 6 頁多的篇幅，全都在引用馬恩全集，完全沒有不同意、或覺得不適用於中國情況的地方，顯得過度訴諸權威。

2

徐中舒的〈初版序〉寫於 1984 年，固然充斥著意識形態的句子，然而還是有一些批評，如頁 3：「至於那些把西周社會性質當作奴隸制社會看待的論點，從夏、商、周、秦、漢各代的發展歷程考慮，確有許多杆格難通之處；…」而大陸另一種「標準」的論調：將秦漢以後行郡縣制的政府的某些限田與稅賦政策，一律稱之為「封建」。徐中舒的心中也不無疑心，由〈序〉頁 3 中的：「不同於秦漢以後中原地區的封建地主經濟形態，」可見徐氏在積習之下仍認「中原地區的封建地主經濟」為「封建」的另一變形！而原書第五章的一些小節的確嘗試突破某些「標準」的論調，這使徐中舒覺得：「頗為順理成章」。他進一步用恩格斯評摩爾根的「找到了一把"鑰匙"」隱喻，表示他對此書的讚賞。

這種一方面在積習下認秦漢以下社會仍為「封建的」，另一方面又想有所突破的心態，在大陸上恐怕相當普遍，這也是原書獲得

共鳴的原故。替再版作序的朱家楨可能也有這種心態，在〈再版後記〉中所引述朱氏的評論（頁 426），除了再用「鑰匙」的隱喻外，還將「某些少數民族地區現存的社會形態」比作「活化石」，強化了讀者的印象。「鑰匙」的隱喻比較陳腐，用多了漸失去魅力。「活化石」的隱喻則相當鮮活，會讓讀者傾向於相信，真的有那些社會成份像「化石」一樣，呈現在現代人的面前，而且還保有古時的形象。其實此一隱喻出自生物學的典故，是非常稀有的事件，如果知道其來源就不會亂用。

「活化石」在生物學中，專指歷經數百萬年而至今仍存有，且形態少有變更的物種（species），是一種特例。（一般來說，一個物種不會歷經一百萬年不演化或不滅絕），最為人知的例子是「腔棘魚」（Coelacanth），那是一種肉鰭魚（Lobe-finned fish），在中生代相當普遍，而今日的魚類絕大多數是條鰭魚（Ray-finned fish），肉鰭魚祇剩下生活於淡水中的肺魚。腔棘魚祇留下化石，以前古生物界多以為這種魚類大概已經與恐龍同時滅絕了，然而 1938 年一艘南非的深海漁船在印度洋中捕得一條怪魚，讓當時海洋生物學家傻了眼，因為這就是一般認為在六千五百萬年以前已經滅絕的腔棘魚。「活化石」之名因此不脛而走，十多年後又出兩條。今日科學家已可以用深海潛艇觀察這種魚的生活，也研究了它的解剖結構，證實確是一種肉鰭魚，而且形態也與腔棘魚化石相同。

生物學家猜測這種魚缺乏演化的理由：其一是深海中的生態區位相對穩定，其二是海水隔絕了宇宙射線（cosmic ray）中的高速粒子與有害化學物質，故其 DNA 不易產生突變。無論如何，這是一個很極端的特例，在生物學中留下佳話，但若作為隱喻來形容社會之少變化，則有誤導之嫌。

　　原書作者暗示雲南西雙版納的人民社會制度維持了數千年，那真是一個神話。因為那地區曾有戰亂，古時暫不論，原書頁 14 說：「元代西雙版傣族貴族爭地，內部分裂，互相攻伐的事多見於記載。」頁 15：「公元 1627 年，車里宣慰刀韞勐派兵…洞吾即興兵再次侵入西雙版納，…瀾滄江以西廣大地區一片荒蕪，幾乎無人耕種。」頁 16：「13 世紀中葉，…地方糜爛，村舍蕩然…從此景永一帶，遂荒無人居矣。」頁 18-9 也記載了戰亂，「村舍蕩然」的地區，居然會維持原有社會制度，其誰能信？

　　有關對《國語·齊語》斷章取義的引用，問題並不簡單。就《國語·齊語》本身來看，「陸、阜、陵、墐、井、田、疇均，則民不憾」是說七件事。其中韋昭所注「九夫為井」顯然受《周官》井田說的影響。就〈齊語〉本身的用辭來說，「井」並不與「田」相連。前面明點出：「處商就市井，處農就田野」，「井」是與「市」相連的。在市集中人口密度較大，民眾（而非貴族）的飲用水不得不靠井水；與其各家自掘淺井，不如數家共用一井，可以掘得較深，漐洗維護的負擔也可以分散。就〈齊語〉解〈齊語〉，這無疑是正解。至於政府主動對這些共用井的編制與管理，是有了需要以後才出現的，各國就其本身的傳統與資源，會有自己的辦法。在春秋時，需求剛開始，不可能各國就有統一的做法。到了戰國，資訊的流通漸多，一國的政府比較會吸取他國的經驗，才漸演變成比較一致的「建制」。

　　然而還有一個文本的傳衍問題。〈齊語〉與《管子·小匡》很像，一般的共識，是戰國威宣時稷下弟子襲取〈齊語〉，整理成〈小匡〉（〈大匡〉與〈中匡〉顯然另有來源）。戰國時期所看到的〈齊

語〉文本，當然會比日後的傳本少一些錯誤。當然，《管子》的傳承與抄寫也會有它本身的衍誤；然而用兩種獨立傳承的文本，仍可以相比較，得到比較近真的結果。在現存《管子·小匡》中，這一句是：「陵陸、丘井、田疇均，則民不惑。」其中六個字描寫二種區域：「陵陸」為高地；「丘井」指都市中的聚集處。（齊國的都市為防水災，往往擇於丘陸地上。）「田疇」則為農民生產之場所。較之今存之《國語·齊語》「陸、阜、陵、墐、井、田、疇」，除了次序不同外，「阜」與「丘」相當，「墐」〈韋註〉為溝上之道，與其他各項皆不類。相較之下，《管子·小匡》這一段的文氣似乎較順暢。而且「丘井」連稱，更顯示指涉宅家等眾人聚集之處，與「井田」無關。

此書第三章第一節強調西周「土地王有」的「制度」，在頁177又分辯三種「所有」。其實「王權」的觀念是逐漸形成的。在西周初建國時，雖用武力殖民的方式，取得很多土地的支配權，用來分封諸侯，然而「王」並非以「天下」作為私產。正相反，由《詩·大雅》來看，當時的觀念是「受天命」，而且唯恐日後會失「天命」，「私產」的想法恐怕要到戰國時才會有。書中好幾處用《詩·大雅·北山》的「普天之下，莫非王土」，來證成「土地王有」的觀念，其實此詩第二章之全文為：「溥天之下，莫非王土；率土之濱，莫非王臣。大夫不均，我從事獨賢。」這是埋怨勞役不均的口氣，重點在最後二句，前四句是用來襯托。《孟子·萬章上》已經分辨：「是詩也，非是之謂也！」而後人還抓住這段詩句來做自己的文章，奈何！

　　此書中有好幾處受《周官》的影響，將「爰田」、「自爰其處」及「歲休輪耕」相混。本書作者又將之與後世的一些政策，以及自己的意識型態拉關係，要分疏他們的思路邏輯，很不容易。其實錢穆早已指出：輪休制度耕墾技術之進步，與土地制度無涉。至於解「爰」為「換」，那是日後通假的文法，不可能用到原始的「爰田」。《左傳·僖公十五年》講「爰田」的一段為：「子金教之言曰：朝國人而以君命賞，且告之曰："孤雖歸，辱社稷矣，其卜貳圉也。"眾皆哭，晉於是乎作爰田。呂甥曰："君亡之不恤，而群臣是憂，惠之至也。將若君何？"眾曰："何為而可？"對曰："征繕以輔孺子。諸侯聞之，喪君有君，群臣輯睦，甲兵益多，好我者勸，惡我者懼，庶有益乎！"眾說，晉於是乎作州兵。」那是晉惠公戰敗回國，以田地收買人心，重整軍備的一種手段。試比較金文中「爰」與「受」的寫法，可知「爰」有「賜于」的意思，而且晉惠公祇用之為一時的手段，不是創一新「制度」。

　　　　　　原刊於《當代》2005 年 12 月第 220 期。
　　本文第 2 節的作者是李怡嚴教授，清華大學物理系退休。

參考書目

丁道謙(1937)〈由歷史變動律說到中國田制的「循環」〉,《食貨》, 5(3):145-155。

于琨奇(1986)〈井田制、爰田制新探〉,《安徽師大學報》,58:59-68。

大塚久雄(1984)(于嘉雲 1999 譯)《共同體的基礎理論》,台北: 聯經出版公司。

小川琢治(1929)〈阡陌と井田〉,《支那歷史地理研究續集》,東 京:弘文堂書房(第三篇頁 459-539)。

不著撰人(東漢)〈春秋井田記〉一卷,同治辛未年(1871)濟南 皇華館書局補刻本。

友枝龍太郎(1968)〈井田と性善〉,《廣島大學文學部紀要》, 28(1):40-60。

方孝孺(明)〈與友人論井田書〉,《四庫全書》,443:376-7。

方清河(1978)〈孟子的井地說〉,台大歷史研究所碩士論文。

木村正雄 (1943)〈「阡陌」について〉,《史潮》,12(2):1-72。

木村正雄 (1967)〈孟子の井地說：その歷史的意義〉，《山崎先生
　　退官記念東洋史學論集》，東京都：東京教育大學東洋史研究
　　室（山崎先生退官記念會編），頁 163-73。

王仲犖(1954)〈春秋戰國之際的村公社與休耕制度〉，《文史哲》，
　　20:36-42。

王汎森(1992)〈從曾靜案看十八世紀前期的社會心態〉，《大陸雜
　　誌》，85(4):164-85。

王彥輝(1993)〈「間田」非「王田」辨：兼評王莽王田〉，《東北
　　師大學報》，143:18-23。

王書輝(2006)〈談「丼」〉，《歷史月刊》，224:129-31。

王崇武(1936)〈明初之屯墾政策與井田說〉，《禹貢》，5(5):411-416。

王暉(2000)〈從虜簋銘看西周井田形式及宗法關係下的分封制〉，
　　《考古與文物》，6:46-59。

王毓銓(1957)〈爰田解〉，《歷史研究》，4:79-87。

王德培(1987)〈關於井田制糾葛之我見〉，《歷史教學》，284:50-1。

王學典、孫延杰(2000)《顧頡剛和他的弟子們》，濟南：山東畫報
　　出版社。

丘濬（明）〈制民之產一〉，《四庫全書》，443:377-8。

失名（明）〈阡陌辨〉，《四庫全書》，1454:267-8。

正邦(1933)〈我國周代的田制〉，《中國經濟》，1(8):1-6。

田昌五(1985)〈解井田制之謎〉，《歷史研究》，175:59-68。

田錫（宋）〈復井田論〉，《四庫全書》，1085:422-3。

任佶夫、王曉莉(2000)〈論王莽改制〉，《錦州師範學院學報》，
　　22(1):38-40。

全廣鎮(1989)《兩周金文通假字研究》，台北：台灣學生書局。

朱右曾(1971)《逸周書集訓校釋》，台北：台灣商務印書館。

朱伯康、施正康(1995)《中國經濟通史》，北京：中國社會科學出版社。

朱克己(1890)《井田圖考》（2 卷），台北：中央研究院傅斯年圖書館。

朱芳圃(1972)《甲骨學文字編》，台北：台灣商務印書館。

朱芳圃(1972)《甲骨學商史編》，香港：香港書店影印。

朱偰(1934)〈井田制度有無問題之經濟史上的觀察〉，《東方雜誌》，31(1)。收錄於《中國經濟發展史論文選集》，上冊頁 191-204，台北：聯經出版公司（1980）。

朱熹(宋)〈井田類說〉，《四庫全書》（《晦庵集》卷 68），1145:351-2。

朱熹（宋）〈開阡陌辨〉，《晦庵先生朱文公文集》卷 72。（標點全文見李解民(1981)〈"開阡陌"辨正〉，《文史》，11:48-9）

江鴻(1988)〈試解"井田、邑、封建"之謎〉，《東方雜誌》，21(8):25-30; (9):48-53.

池田靜夫(1933)著，謝健伯譯〈中國井田制度崩壞過程之研究〉，《中國經濟》，1(2):1-12; 1(3):1-10。

氾勝之（漢）〈氾勝之遺書附區田圖說〉，《叢書集成新編》第 50 冊，台北：新文豐出版公司。

何休（漢）注〈初稅畝〉，《四庫全書》，145:318-20。

何炳棣(1995)〈商周奴隸社會說糾謬〉，《人文及社會科學集刊》，7(2):77-108。

何炳棣(1995a)《中國歷代土地數字考實》，台北：聯經出版公司。

何炳棣(2001)《黃土與中國農業的起源》，香港：中文大學出版社。

何炳棣(2004)《讀史閱世六十年》，台北：允晨文化公司。

何茲全(1991)《中國古代社會》，鄭州：河南人民出版社。

何貽霜（清）〈成周徹法演〉（4卷），《叢書集成新編》第26冊，
　　台北：新文豐出版公司。

佐竹靖彥(1987)〈商鞅田制考證〉，《史學雜誌》，96(3):273-309。

佐竹靖彥(1987a)〈漢代田制考證〉，《史林》，70(1):1-43。

佐竹靖彥(1988)〈中國古代史の姿をもとめて〉，《中國：社會と
　　文化》，3:214-25。

佐竹靖彥(1992)〈藉田新考〉，《中國の都市と農村》，東京：汲
　　古書院，頁3-28。

佐竹靖彥(1998)〈中國古代地割の形態的研究：井田地割、阡陌地
　　割、代田地割〉，《中國史學》，8:133-75。

佐竹靖彥(1999)〈日本學界井田制研究狀況〉，《北大史學》，頁
　　240-52。

佐竹靖彥(1999a)〈從農道體系看井田制〉，《古今論衡》，3:126-46。

佐竹靖彥(2006)《佐竹靖彥史學論集》，北京：中華書局。

余精一(1934)〈井田制度新考〉，《東方雜誌》，31(14):163-75。

吳存浩(1996)《中國農業史》，北京：警官教育出版社。

吳其昌(1991)《金文世族譜》，台北：中研院史語所專刊。

吳承仕(1934)〈竹帛上的周代封建制與井田制〉，《文史》，1(3):85-91。

吳榮曾(1989)〈戰國授田制研究〉，《思想戰線》，81:73-80。

吳慶顯(1991)〈論王莽的田制改革〉，《黃埔學報》，23:133-7。

吳慧(1985)《井田制考索》，北京：農業出版社。

呂文郁(1992)《周代采邑制度研究》，台北：文津出版社。

呂思勉(1982)《呂思勉讀史札記》，上海：上海古籍出版社。

宋鎮豪(1994)《夏商社會生活史》，北京：中國社會科學出版社。

李文治(1993)《明清時代封建土地關係的鬆解》，北京：中國社會
　　科學出版社。

李永康(1997)〈對"王田制"及王莽改制失敗的一點認識〉，《中共
　　山西省委黨校學報》，1:55-7。

李孝定(1965)編纂《甲骨文字集釋》，台北：中研院史語所。

李怡嚴、賴建誠(2002)〈論孟子的井地說：兼評梁啟超的先秦田制
　　觀〉，《新史學》，13(4):119-64。

李則鳴(1987)〈孟軻井田說及其相關諸問題探源〉，《武漢大學學
　　報》，81:72-5。

李春茂(1987)〈談《孟子》、《周禮》中井田制資料的真偽〉，《歷
　　史教學》，284:47。

李修松(1987)〈井田制屬周代軍賦徵收制度〉，《歷史教學》，284:48-9。

李修松(1987a)〈春秋戰國時期畝積的擴大：兼談田的形制變化〉，
　　《中國農史》，20:22-5。

李家樹(1988)〈從《詩經》看西周末年以迄春秋中葉期間分封制、
　　宗法制、井田制的動搖〉，《香港中文大學中國文化研究學報》，
　　19:191-215。

李根蟠(1979)〈春秋賦稅制度及其演變初探〉，《中國史研究》，
　　3:25-39。

李根蟠(1989)〈井田制及相關諸問題〉，《中國經濟史研究》，14:17-38。

李根蟠(1999)〈"周人百畝而徹"解〉，《中國社會經濟史研究》，
　　4:1-6。

李堂（明）〈論井田〉，《四庫全書》，443:375。

李埏、武建國(1997)《中國古代土地國有制史》，昆明：雲南人民
　　出版社。

李埏、章峰(1996)〈孟子的「井田說」與「恒產論」淺析〉，《雲
　　南學術探索》，32:20-4。

李朝遠(1997)《西周土地關係論》，上海：上海人民出版社。

李瑞蘭(1985)〈戰國時代國家授田制的由來、特徵及作用〉，《天
　　津師大學報》，60:40-51。

李解民(1981)〈"開阡陌"辨正〉，《文史》，11:47-60。

李零(1998)《李零自選集》，桂林：廣西師範大學出版社。

李慶東(1989)〈建國以來井田制研究述評〉，《史學集刊》，1:9-13。

李學功(1999)〈世紀回眸：井田制問題再認識〉，《青海師範大學
　　學報》，1:56-60。

李學勤(2003)《中國古代文明十講》，上海：復旦大學出版社。

李曉東(1980)〈關於西周井田制問題：與金景芳先生商榷〉，《人
　　文雜誌》，1:66-71。

杜正勝(1979)《周代城邦》，台北：聯經出版公司。

杜正勝(1990)《編戶齊民》，台北：聯經出版公司。

杜正勝(1992)《古代社會與國家》，台北：允晨文化公司。

沈彤（清）〈周官祿田考〉，《四庫全書》，101:665-713。

沈長云(1987)〈說井田是為徵收賦稅而實行的對土地的規劃〉，《歷
　　史教學》，284:47-8。

周法高(1981)編纂《金文詁林》，香港：中文大學出版社。

周法高(1982)編纂《金文詁林補》，台北：中研院史語所專刊。

周新芳(1997)〈井田制討論之世紀末點上的回顧與思考〉，《聊城師範學院學報》，4:43-6。

周新芳(1997)〈近年來井田制研究的新進展〉，《烟台師範大學學報》，3:45-8。

周新芳(1998)〈井田制討論的困難與不足〉，《安徽史學》，4:12-4。

周新芳(2002)〈近年來井田制研究的趨向與特點〉，《江西社會科學》，4:119-21。

周遠廉、謝肇華(1986)《清代租佃制研究》，瀋陽：遼寧人民出版社。

林之奇（宋）〈復井田論〉，《四庫全書》，1359:279-80。

林之奇（宋）〈廢井田〉，《四庫全書》，1140:464。

林劍鳴(1979)〈井田和爰田〉，《人文雜誌》，1:69-75。

林黎明(1992)〈關於井田制的討論〉，《中國通史史論辭典》頁107-8，哈爾濱：黑龍江人民出版社。

金春峰(1993)《周官之成書及其反映的文化與時代新考》，台北：東大圖書公司。

金景芳(1981)〈論井田制度〉，《吉林大學社會科學學報》，43:35-44; 44:12-8; 45:59-67; 46:7-17。

金景芳(1982)《論井田制度》，濟南：齊魯書社。

金鶚（清）〈井田考〉，《求古錄禮說》卷14頁1-12。

侯志義(1989)《采邑考》，西安：西北大學出版社。

侯家駒(1979)〈"開阡陌"辨〉，《大陸雜誌》，59(2):72-81。

侯家駒(1983)〈井田叢考〉，《大陸雜誌》，67(3):111-30。

侯家駒(1987)《周禮研究》，台北：聯經出版公司。

侯紹莊(1997)《中國古代土地關係史》，貴陽：貴州人民出版社。

俞敏聲(1987)〈春秋戰國時期土地制度的演變〉，《社會科學戰線》，
　　38:156-61。

柯金 (1933)《中國古代社會》（岑紀譯），上海：黎明書局（台北：
　　雪鄉文化重印，年份不詳）。

胡匡衷（清）〈《周禮》畿內授田考實〉，《叢書集成新編》第 50
　　冊，台北：新文豐出版公司。

胡寄窗(1962, 1963, 1981)《中國經濟思想史》，上海：上海人民出
　　版社（3 冊）。

胡寄窗(1981)〈關於井田制的若干問題的探討〉，《學術研究》，
　　4:59-66; 5:57-67。

胡廣（明）等撰《禮記大全•王制第五》，《四庫全書》，122:150-96。

胡範若(1925)〈中國井田制沿革考〉，《科學》，10(1):132-40。

胡適等(1965)《井田制有無之研究》，台北：中國文獻出版社（原
　　書是 1930 年上海華通書局所彙編）。

胡翰（明）〈井牧〉，《四庫全書》，1229:7-11。

韋慶遠(1990)〈論"八旗生計"〉，《社會科學輯刊》，5-6 期。收錄
　　於《明清史新析》，北京：中國社會科學出版社，1995，頁 412-31。

倪今生(1937)〈井田新證別論〉，《食貨》，5(5):220-223。

唐長孺(1957)《三至六世紀江南大土地所有制的發展》，台北：帛
　　書出版社。

孫開太(1987)〈孟子主張的"井田"是封建的國有土地〉，《歷史教
　　學》，284:49-50。

徐中舒(1930)〈耒耜考〉，《中研院史語所集刊》，2(1):11-59。

徐中舒(1944)〈井田制度探原〉，《中國文化研究彙刊》，4:121-56。

徐中舒(1955)〈試論周代田制及其社會性質：並批判胡適井田辨觀點和方法的錯誤〉，《四川大學學報》，2:51-90。

徐光啟（明）《農政全書》卷4〈玄扈先生井田考〉。

徐旭生(1961)〈井田新解並論周朝前期士農不分的含義〉，《歷史研究》，4:53-65。

徐南洲(1987)〈井田制起源於"鳥田"說〉，《學術月刊》，215:56-62。

徐喜辰(1982)《井田制度研究》，吉林：吉林人民出版社。

徐渭（明）〈井田解〉，《四庫全書》，1407:440-1。

徐經孫（宋）〈上丞相賈似道言限田〉，《四庫全書》，1181:33-34。

徐興武(1985)〈清初旗民試行井田制之研究〉，《國立中央大學文學院院刊》，3:13-32。

晁福林(1996)《夏商西周的社會變遷》，北京：北京師範大學出版社。

烏廷玉(1992)《中國租佃關係通史》，長春：吉林文史出版社。

袁林(1987)〈從戰國授田制看所謂"井田制"〉，《歷史教學》，284:49。

袁林(2000)《兩周土地制度新論》，長春：東北師範大學出版社。

馬曜、繆鸞和(2001)《西雙版納份地制與西周井田制比較研究》（修訂版），昆明：雲南人民出版社。

高光晶(1982)〈"井田"質疑〉，《華中師院學報》，36:86-92。

高耘暉(1935)〈周代制度與井田〉，《食貨》，1(7):10-20。

崔述（清）〈三代經界通考〉，《崔東壁遺書》，台北：世界書局。

張以仁(1969)《國語斠證》，台北：台灣商務印書館。

張玉勤(1989)〈論戰國時期的國家授田制〉，《山西師大學報》，65:34-9。

張蔭麟(1982)《中國上古史綱》，台北：里仁書局。

張學峰(1999)〈戰國秦漢時期大、小畝制新證〉，《中國文化研究所學報》，8:1-33。

曹彥約（宋）〈井田分畫序〉，《四庫全書》，1167:178。

曹彥約（宋）〈評漢食貨志〉，《四庫全書》，1167:258-60。

曹毓英(2005)《井田制研究》，武漢：華中師範大學出版社。

許倬雲(1984)《西周史》，台北：聯經出版公司。

許進雄(1995)《中國古代社會》，台北：台灣商務印書館（修正版）。

郭沫若(1954)《中國古代社會研究》，北京：人民出版社。

郭沫若(1973)《奴隸制時代》，北京：人民出版社（第2版）。

郭豫才(1987)〈論戰國時期的封建土地國有制：再論我國封建制生產關係的形成過程〉，《史學月刊》，165:6-14。

陳伯瀛(1933)《中國田制叢考》，台北：明文書局（1985重印）。

陳良佐(1970)〈井、井渠、桔槔、轆轤及其對我國古代農業之貢獻〉，《思與言》，8(1):5-13。

陳峰(2003)〈1920年井田制辯論：唯物史觀派與史料派的初次交鋒〉，《文史哲》，276:32-8。

陳啟天(1934)《商鞅評傳》，台北：台灣商務印書館（1967、1986）。

陳登元(1930)《中國土地制度》，台北：台灣商務印書館（1982重印）。

陳瑞庚(1974)《井田問題重探》，台灣大學中國文學研究所博士論文。

章有義(1984)《明清徽州土地關係研究》，北京：中國社會科學出版社。

章有義(1988)《近代徽州租佃關係案例研究》，北京：中國社會科學出版社。

勞榦(1951)〈戰國秦漢的土地問題及其對策〉，《大陸雜誌》，2(5):9-12。

嵇文甫(1934)〈井田制度有無問題短論〉，《中國經濟》，2(10):1-6。

斯維至(1997)《中國古代社會文化論稿》，台北：允晨文化公司。

游進(2005)〈"井田制"的是與非〉，《鄂州大學學報》，12(1):55-8。

越智重明(1988)《戰國秦漢史研究》（第4章〈井田と轅田〉），福岡：中國書店（上冊）。

楊善群(1987)〈孟子的井田說不是"烏托邦"〉，《歷史教學》，284:46-7。

楊際平(1991)《均田制新探》，廈門：廈門大學出版社。

楊寬(1965)《古史新探》，北京：中華書局。

楊寬(1973)《商鞅變法》，上海：上海人民出版社。

楊寬(1982)〈重評1920年關於井田制有無的辯論〉，《江海學刊》（1982年第3期），收入《古史論文選集》（頁3-16），上海：上海人民出版社，2003。

楊寬(1993)《歷史激流中的動盪和曲折：楊寬自傳》，台北：時報文化出版公司。

楊寬(1997)《戰國史》，台北：台灣商務印書館。

楊寬(1999)《西周史》，台北：台灣商務印書館。

萬國鼎(1934)《中國田制史》（上冊），南京：南京書局（台中：逢甲大學重印1986）。

葛承雍(2000)〈王莽：一個儒生皇帝的悲劇〉，《歷史月刊》，3:110-7。

鈴木隆一(1974)〈井田考：周禮における雙分組織の特長として〉，
　　《日本中國學會報》，26:14-25。

廖行之（宋）〈田制論〉，《四庫全書》，1167:327-8。

趙岡、陳鍾毅(1982)《中國土地制度史》，台北：聯經出版公司。

趙岡、陳鍾毅(1986)《中國經濟制度史論》，台北：聯經出版公司。

趙岡、陳鍾毅(1989)《中國農業經濟史》，台北：幼獅文化事業公
　　司。

趙淑德(1988)《中國土地制度史》，台北：三民書局。

趙靖(2002)主編《中國經濟思想通史》，北京：北京大學出版社（4
　　冊）。

趙儷生(1980)〈有關井田制的一些辨析〉，《歷史研究》，4:77-91。

趙儷生(1982)〈從亞細亞生產方式看中國古史上的井田制度〉，《社
　　會科學戰線》，19:109-15。

齊思和(1948)〈孟子井田說辨〉，《燕京學報》，35:101-27。

劉大鈞(1926)〈中國古代田制研究〉，《清華學報》，3(1):679-685。

劉大櫆（清）〈井田〉，《海峰文集》卷 1，上海：續修四庫全書
　　（v. 1427）。

劉玉堂(1995)〈楚國井田制度管窺〉，《湖北大學學報》，2:45-50。

劉弇（宋）〈井田肉刑〉，《四庫全書》，1119:276-8。

劉家貴(1988)〈戰國時期土地國有制的瓦解與土地私有制的發展〉，
　　《中國經濟史研究》，12:10-21。

劉桓(1993)〈試說西周金文中關於井田的兩條史料〉，《人文雜誌》
　　（西安），4:98-100。

劉澤華(1978)〈論戰國時期"授田"制下的"公民"〉,《南開大學學報》,24:83-91。

樊樹志(1988)《中國封建土地關係發展史》,北京:人民出版社。

談泰(清)〈王制井田算法解〉,《叢書集成初編》第 7 冊,台北:新文豐出版公司。

鄭行巽(1934)〈井田考〉,《經濟學季刊》,5(2):57-62。

鄭昌淦(1979)〈井田制的破壞和農民的分化:兼論商鞅變法的性質及其作用〉,《歷史研究》,7:60-5。

盧太康(2001)〈對"王田制"及王莽改制失敗的一些認識〉,《大同職業技術學院學報》,15(1):1-2。

錢玄(1993)〈井田制考辨〉,《南京師大學報》,1:28-33,84。

錢穆(1932)〈《周官》著作時代考〉,《燕京學報》11 期。收入《錢賓四先生全集》第 8 冊(台北:聯經出版公司,1998),見此長文的第 3 節「關於田制」,頁 405-62。

錢穆(1988)《國史大綱》,台北:台灣商務印書館(修訂 15 版)。

應劭(1963)《風俗通義》,台北:世界書局。

薛柏成(2003)〈《左傳》中所表現的春秋時期井田制的衰變〉,《吉林師範大學學報》,3:11-4。

謝無量(1933)《中國古田制考》,台北:台灣商務印書館(1968 重印,人人文庫 872)。

鍾祥財(1995)《中國土地思想史稿》,上海:社會科學院出版社。

韓百謙(清高麗)〈箕田考〉,《叢書集成新編》第 26 冊,台北:新文豐出版公司。

韓連琪(1979)〈西周的土地所有制和剝削形態〉，《中華文史論叢》，
　　9:81-102。

韓菼（清）〈稅畝丘甲田賦考〉，《四庫全書》，1449:896-8。

瞿同祖(1936)《中國封建社會》，台北：里仁書局（1984重印）。

魏克威(1989)〈近十年先秦土地制度研究述評〉，《中國史研究動
　　態》，124:11-6。

魏建猷(1933)〈清雍正朝實行井田制的考證〉，《史學年報》，
　　1(5):113-26。

羅欽順（明）〈論均田〉，《四庫全書》，443:375-6。

蘇洵（宋）〈田制〉，《四庫全書》，1377:687-9。

顧大章（明）〈井田論〉，《四庫全書》，1454:138-41。

顧大章（明）〈田制論〉，《四庫全書》，1269:274-5。

國家圖書館出版品預行編目資料

井田辨：諸說辯駁

賴建誠著. – 初版. – 臺北市：臺灣學生，2012.04
面；公分

ISBN 978-957-15-1561-8 (平裝)

1. 井田制

554.22   101001152

井田辨：諸說辯駁

著　作　者：賴　　　　　建　　　　　誠
出　版　者：臺 灣 學 生 書 局 有 限 公 司
發　行　人：楊　　　　　雲　　　　　龍
發　行　所：臺 灣 學 生 書 局 有 限 公 司
　　　　　　臺北市和平東路一段七十五巷十一號
　　　　　　郵 政 劃 撥 帳 號 ： 0 0 0 2 4 6 6 8
　　　　　　電　話 ： (0 2) 2 3 9 2 8 1 8 5
　　　　　　傳　眞 ： (0 2) 2 3 9 2 8 1 0 5
　　　　　　E-mail：student.book@msa.hinet.net
　　　　　　http：//www.studentbook.com.tw
本 書 局 登
記 證 字 號：行政院新聞局局版北市業字第玖捌壹號
印　刷　所：長 欣 印 刷 企 業 社
　　　　　　新北市中和區永和路三六三巷四二號
　　　　　　電　話 ： (0 2) 2 2 2 6 8 8 5 3

定價：新臺幣二八○元

西 元 二 ○ 一 二 年 四 月 初 版